아리랑,
원통 음반과 유성기 음반으로 듣다
: 1930년 이전

진도아리랑,
유성기 음반으로 듣다
: 1945년 이전

청우淸羽 정창관鄭昌官

경남 창녕 출생
동아대학교 정치외교학과 졸업
HSBC은행 근무

정에이앤비(www.junganb.com) 대표
재경 창녕군 향우회 회장
세계 최대 국악CD 음반 웹사이트 〈정창관의 국악CD 음반세계〉 운영
유튜브 채널 〈정창관의 아리랑 1·2〉 채널 운영
국악신문 「정창관의 국악CD - 신보유람」 연재

저서
『우리가 몰랐던 국악음반 이야기』(2000년)
『밀양아리랑, 유성기 음반으로 듣다』(2024년)

2005년 KBS 국악 대상 수상, 출판 및 미디어 부문
2008년 문화체육관광부 장관 표창장 수상, 문화예술 발전 기여
2010년 난계악학 공로상 수상, 영동군 난계기념사업회 수여
2012년 국립 민속박물관 관장 표창장 수상, 민속문화 발전 기여
2012년 문화체육관광부 장관 표창장 수상, 문화예술 발전 기여
2019년 서울특별시장 표창장 수상, 돈의문 박물관마을 재개관 유공 시민
2020년 정부 화관 문화훈장 수훈, 국악 애호가

청우시리즈 3

아리랑,

원통 음반과 유성기 음반으로 듣다 :1930년 이전

진도아리랑,
유성기 음반으로 듣다
:1945년 이전

정창관

민속원

*** 일러두기**

· 음반명은 필자가 출반 연도를 앞에 두고, 곡 제목은 음반에 표기된 노래 제목에 따라 합당한 곡명을 붙인 것이다.

· 가사 채록은 가자지도 활용하고 여러 사람의 도움으로 완성되었으나, 청취자에 따라 다르게 들릴 수 있다.

· 필자는 국악 애호가로 음악적 분석 능력이 부족하기에, 분석은 전문가의 도움을 받았다.

· 이 글의 음반 관련 정보는 대부분 2011년 출간된 『한국유성기 음반』(배연형 지음, 수림문화총서, 1907~1945)을 참고하였다.

· 음반 출반 일자는 위 서적에 기재된 최초 기록 일자를 기준으로 하였다.

· 이 책에 수록된 이미지 중 일부는 여러 경로를 통한 노력에도 불구하고 저작자 또는 저작권 대리자에게 대한 부분을 찾지 못하였음을 알려 드립니다. 저작자 또는 저작권 대리자께서 필자에게 연락주시면 해당이미지의 사용에 대한 저적권법 및 저작자 관리 단체의 규정에 따라 조치하겠습니다.

머리말

작년에 『청우시리즈 2-밀양아리랑, 유성기 음반으로 듣다(1945년 이전)』를 출판하였다. 책을 집필하는 동안, 다음 책에 대한 아이디어가 끊임없이 떠올랐다. 아마도 "총 10권의 시리즈를 출간해야 한다."는 스스로의 다짐, 혹은 일종의 강박이 작용했는지도 모른다. 특히 유튜브 채널 〈정창관의 아리랑 1〉에 많은 아리랑 음원을 올리면서, 이를 주제별로 분류해 책으로 소개하면 좋겠다는 구상이 자연스레 떠오른 것이다.

우선 일제강점기 유성기 음반으로 출반된 158종(필자 정리 기준)의 음반 전체를 모두 다룰 수는 없기에, 그중 가장 먼저 전 시기를 포괄하는 '밀양아리랑' 관련 음반을 정리하여 한 권의 책으로 완성하였다. 그리고 아리랑의 음반사적 흐름에서 중대한 전환점이라 할 수 있는 1930년을 기준으로 시기를 나누었다. 1930년 이전에 출반된 아리랑 음반은 실제로 매우 적다. 원통 음반 2종을 포함해 총 13종이며, 이 중 미발굴 음반 2종과 재발매 1종을 제외하면 감상 가능한 아리랑은 원통 음반을 포함하여 10종에 불과하다.

10종만으로는 책 한 권을 채우기엔 분량이 부족하다고 판단하여, 3대 아리랑 중 하나인 '진도아리랑'을 2부에 포함시키기로 하였다. 일제강점기에 출반된 '진도아리랑' 음반은 단 3종뿐이다. 이에 반해 '밀양아리랑'은 25종에 달하므로 단독으로 구성할 수 있었지만, '진도아리랑'은 1930년 이전 아리랑 음반과 함께 소개하는 방식으로 접근하였다.

'정선아리랑(정선아라리)'도 언급하고 싶지만, 일제강점기에 '정선아라리' 혹은 '정선아리랑'이라는 명칭으로 출반된 유성기 음반이나 광고는 현재까지 확인되지 않았다. 다만 '강원도아리랑'이라는 제목으로 추정할 수 있는 음반이 두 종 정도 존재한다.

오늘날 '아리랑'은 위대한 민족음악으로 높이 평가받고 있지만, 1926년 10월 1일 나운규의 영화 〈아리랑〉이 개봉되기 이전까지 음반으로 감상할 수 있는 아리랑은 비매품 원통 음반 2종과 유성기 음반 1종, 판매용 유성기 음반 4종(미발굴 음반 1종 제외), 총 7종에 불과하다. 영화설명 〈아리랑〉 음반이 1929년에 출반된 이후, 1930년부터 본격적으로 다양한 아리랑 음반들이 출반되기 시작하였다.

다음으로 준비 중인 책 『아리랑, 유성기 음반으로 듣다(1930년~1945년)』는 이 시기에 출반된 약 147곡의 아리랑 중에서 40~50곡을 선곡하여 수록할 예정이다. 이와 함께 '정선아리랑'으로 간주할 수 있는 '강원도아리랑'도 포함할 계획이다. 이를 대비하여 각 음원의 가사 채록 작업도 진행 중이며, 완벽하지는 않지만 내제로 완성하여 유튜브 채널의 각 아리랑 소개 글에 함께 게재해 두었다.

이후에는 『일본 속의 아리랑』을 주제로 한 책도 출간하고자 한다. 광복 이전에는 '우리의 아리랑'과 '일본의 아리랑'을 함께 살펴야 하며, 광복 이후에는 '남한의 아리랑'과 '북한의 아리랑'을 병행해 연구해야 아리랑의 전반적인 변천사를 명확히 파악할 수 있다. 일본에서 출반된 아리랑 유성기 음반은 필자가 정리한 바에 따르면 광복 이전 65곡, 이후 37곡이 있으며, 이 음원들을 기반으로 선행 연구 작업을 시작할 예정이다.

이러한 책 작업의 근간은 유튜브 채널 〈정창관의 아리랑 1〉에서 꾸준히 업로드되고 있는 아리랑 음원들이다. 이 채널은 나운규 영화 〈아리랑〉 상영 100주년이 되는 2026년 10월 1일까지 5,000곡을 완성하는 목표 아래, 착실하게 운영되고 있으며, 책의 구상 역시 이 작업이 있기에 가능해졌다.

광복 이전 유성기 음반에 수록된 아리랑 음반은 2011년 수리문화총서 『한국유성기 음반』(총 4권)을 통해 거의 정리되었지만, 광복 이후의 아리랑 유성기 음반은 정리되어 있지 않다. 현재 필자가 약 80곡을 목록화한 것만으로 전체 규모를 가늠하기 어렵지만 전체의 약 80% 정도로 추정하고 있다. 좀 더 시간이 지나야 책 출판을 구상할 수 있을 것이다.

작년에 출판한 두 번째 책, 『청우시리즈 2-밀양아리랑, 유성기 음반으로 듣다(1945년 이전)』는 서울문화재단의 원로예술지원사업의 지원을 받아 완성되었다. 이번 세 번째 책 또한 같은 사업의 지원을 받아 출간할 수 있었다. 깊은 감사의 뜻을 전한다. 국악, 특히 아리랑과 같은 주제를 다룬

책은 지원 없이는 출판 자체가 매우 어렵다는 점을 지난 책 준비를 통해 절실히 느꼈다. 책이 일정 부수 이상 판매되면 출판사도 다음 책에 관심을 보이겠지만, 현실은 그렇지 않다. 다음 책, 그 다음 책에 대한 아이디어는 넘쳐나지만, 출판의 어려움이 늘 마음을 무겁게 한다. 세상엔 '잘 팔리는 책'도 있지만, '팔리지 않아도 반드시 출판해야 할 책'도 있다. 내 책은 분명 후자에 속한다.

이번 책의 구성은 이전 책과 동일한 방식으로, 음반 소개, 가사 채록, 연주자 정보, 음반 레이블 정보 등을 수록하였다. 이번 책과 지난번 책에 언급한 음반을 다루다 보니 같은 내용을 반복해야 하는 경우도 있으며, 중복된 내용을 약간의 수정을 거쳐 실린 점은 독자 여러분의 너그러운 양해를 부탁드린다.

그동안 글을 쓸 때는 주로 아래아한글의 도움을 받아 맞춤법과 띄어쓰기를 확인하고, 문맥상 어색한 부분은 가족의 도움을 받아가며 수정해왔다. 이번 원고 작업에서는 정기 구독 중인 ChatGPT의 도움을 받아 보았다. 초반에는 단순한 맞춤법 교정, 띄어쓰기 수정, 문장의 자연스러움 개선 정도로 활용했는데, 작업이 진행될수록 ChatGPT가 학습이 되어 역사적 배경 설명, 기술적 근거, 학술적 인용 등 예상보다 훨씬 많은 정보가 제안되었다. 그로 인해 오히려 삭제하고 정리하는 데 많은 시간이 소요되기도 했지만, 결과적으로 원고 분량이 약 3% 정도 증가한 셈이다. 이번 경험을 통해 향 후 ChatGPT를 적극 활용하면 더 풍성하고 깊이 있는 글을 쓸 수 있겠다는 확신을 갖게 되었다.

이번 작업에는 많은 분들이 함께해 주셨다. 필자는 국악애호가일 뿐 음악을 분석할 전문성은 부족하기에 도움을 요청하였다. 제1부 '1930년 이전 아리랑' 파트는 한국고음반연구회 신유빈 회원이, 제2부 '진도아리랑' 파트는 같은 연구회의 왕서은 회원이 함께하며 악보도 완성해주었다. 제1부의 일부 악보는 2016년 '1929년 이전 악보에 남아 있는 아리랑'을 녹음할 당시, 함현상 작곡가가 채보한 악보를 사용하였다. 모든 분들께 깊이 감사드린다.

또한, 〈한국 유성기 음반〉 사이트를 운영하며 『한국 유성기 음반문화사』를 출간한 배연형 선생님께도 특별히 감사의 인사를 드린다. 이 사이트와 책이 있었기에 2번 책, 그리고 이번 3번째 책의 작업이 가능했다. 책의 출판을 도와주신 민속원 관계자 여러분에게도 고마움을 전한다.

끝으로 늘 곁에서 격려해준 아내 송유진, 아들 인용, 딸 주혜, 작년에 가족이 된 사위 임용환, 올해 새로 맞이한 일본 며느리 심포 쿠루미에게도 감사의 마음을 전한다.

이제 세 번째 발걸음을 내디뎠다. 열 걸음을 향해 성실히 나아가겠다.

2025년 11월 어느 날

서울 노원구 월계동 연청재에서

차례

1장 ——— 1930년 이전 아리랑 원통 음반과 유성기 음반

2장 —— 1945년 이전 진도아리랑 유성기 음반

NIPPONOPHONE
商標
登錄
TRADE
MARK
ニッポノホン
COREAN SONG
京城卯々掩嶺
金蓮玉 趙牧丹
6170
MADE EXCLUSIVELY BY NIPPONOPHONE COMPANY

1장

1930년 이전
아리랑 원통 음반과 유성기 음반

1장 1930년 이전 아리랑 원통 음반과 유성기 음반

음반사적으로 볼 때, 일제강점기 아리랑 음반 중 가장 중요한 음반은 1926년 9월 26일 출반된 남도잡가 〈밀양아라니량〉(밀양아리랑) 음반이다. 이유는 1926년 10월 1일 나운규의 영화 〈아리랑〉이 나오기 전이기 때문이다.

흔히 '아리랑' 하면 1926년 10월 1일 개봉한 나운규의 영화 〈아리랑〉을 떠올리지만, 영화에 삽입된 '본조아리랑'이 처음 음반으로 소개된 시점은 1929년 2월 22일, Columbia 40002 & 40003번 유성기 음반 두 장으로 출반된 〈영화설명 아리랑 1, 2, 3, 4〉를 통해서이다. 이 음반에서는 변사 성동호가 영화 설명 중간에 유경이 가수가 '본조아리랑'을 잠깐 잠깐 부르는 형식이다.

유튜브 〈정창관의 아리랑 1〉 채널 /
A22 : '1930년 아리랑'(유행가) /
노래 : 채동원 / 연주 시간 : 2분 57초

'본조아리랑'이 본격적으로 음반으로 출반되기 시작한 것은 1930년 1월, 채동원 가수가 부른 유행가 〈아리랑〉(Columbia 40070-A) 음반이다. 채동원은 한국 최초의 직업가수로 본명은 채규엽이며, 일본식 이름은 하세가와 이치로長谷川一郞로도 알려져 있다.

이에 따라 아리랑 음반사를 시대적으로 구분할 때는 1929년 〈영화설명 아리랑〉 음반의 출반과, 1930년 채동원의 〈아리랑〉 유행가 출반을 기준점으로 삼아, 1930년 이전과 이후로 나누는 것이 합당하다고 필자는 생각하고 있다.

1945년 이전 출반된 아리랑 관련 유성기 음반은 총 158종(필자 정리 기준: 미발굴 29종, '숨은 아리랑' 14종 및 재발매 포함)[1]에 이르지만, 1930년 이전의 음반은 원통 음반

---

1 숨은 아리랑 : 음반 제목에는 '아리랑'이라는 단어가 없지만, 가사 속에 포함되어 있어 아리랑 음반으

을 포함하여 단 13종에 불과하다. 구체적으로는 비매품 원통 음반 2종, 비매품 유성기 음반 1종, 판매용 유성기 음반 10종(재출반 음반 1종 포함)이다.

1930년 이전 아리랑 음반은 '1896년 유학생아리랑'을 2곡 혹은 3곡으로, '1916년 고려인아리랑'을 6곡으로, '1923년 난란타령' 6면, '1913년 경성 난란타령'의 재발매 음반 등을 어떻게 포함하느냐에 따라 차이가 있지만, 일반적으로 원통 음반 2종과 유성기 음반 11종을 기준으로 삼는 것이 합리적이라 할 수 있다.

일제강점기 전체 기간을 기준으로 보면, 1930년 이전 약 20년 동안 출반된 아리랑 유성기 음반은 전체의 7%(11종 : 1907년 음반 포함), 1930년부터 1945년까지의 16년 동안은 93%(147종)로 압도적인 차이를 보인다. 특히 1935년은 총 24종의 아리랑 음반이 출반되어, 가장 유성기 음반 출반이 활발했던 해로 기록된다.

한편 아직까지 발견되지 않은 〈1907년 아리랑타령〉(미국 콜럼비아사)과 〈1927년 아르렁타령〉(제비표조선레코드)을 제외하면, 1930년 이전 실제 감상이 가능한 아리랑 음반은 고작 8종(재발매 음반 제외)뿐이다. 음반 출반 상황만 놓고 보면, 당시에는 오히려 서도소리 〈수심가〉 음반이 아리랑보다 더 많이 출반되었음을 알 수 있다.

로 분류한 곡. 예) 안기영 작곡 〈그리운 강남〉 ⇨ 〈그리운 강남 아리랑〉.

이 시기의 유성기 음반은 워낙 희귀하고 고가이며, 훼손 우려가 있어 직접 재생해 듣는 것이 매우 어렵다. 원통 음반은 감상이 불가능하다. 1896년의 '유학생아리랑' 원통 음반은 미국 워싱턴의 미의회도서관, 1916년의 '고려인아리랑' 원통 음반은 독일 베를린민족학박물관 포노그람 아카이브에 각각 소장되어 있다. 원통 음반과 유성기 음반은 실제 유성기에서 재생해야 진정한 음색을 느낄 수 있다.

필자는 2016년부터 주요 아리랑 음반의 복제 작업을 시작하여, 현재까지 3종의 원통 음반과 15종의 유성기 음반을 영국에서 복제하여 감상이 가능하도록 하였다. 이 글에서 소개하는 〈1896년 유학생아리랑 1·2·3〉과 〈1916년 고려인아리랑 1·2·3〉은 모두 원통 음반 복제반으로 감상할 수 있으며, 1930년 이전 '아리랑' 유성기 음반 중 6종도 복제 음반으로 들을 수 있다.

복제 음반은 재생면이 하나뿐인 '쪽반' 형태로 제작되며, 2면 또는 4면 음반의 경우는 첫 면만 제작하였다. 영국의 제작자는 한 면만 재생 가능한 쪽반을 수공업으로 제작하고 있으며, 이 영상들은 모두 유튜브에 업로드되어 있다.

유성기 음반 복제에는 최소 20장의 제작 수량이 요구된다. 이를 위해선 먼저 양질의 음원을 확보하고, 선명한 라벨 이미지도 준비해야 한다. 음원은 별도로 마스터링이 필요한데, 국내에는 유성기 음반 전문 마스터링 엔지니어가 없기에, 프로그램으로 보정하는 방식으로 진행한다. 라벨은 충무

제15번째 마지막 복제 유성기 음반 라벨
1934년 '강원도 아리랑'(민요) / 노래 : 박부용[2]

로의 전문 인쇄소에서 포토샵 작업을 거쳐 필자가 주문한 특별 원형 라벨지에 정교하게 인쇄하며, 전체 작업에 약 3~4개월이 소요된다. 완성된 음반은 국내로 들여와 설명지를 음반 뒷면에 부착하고 디자인한 가사지를 동봉한 후 완성한다.

그러나 20장으로 한정 제작된 복제 음반을 국내에서 소화하기는 매우 어렵다. 1937년 〈동래아리랑〉(민요), 1947년 이은주 명창의 〈아리랑〉(경기민요) 등도 복제품을 제작하고 싶지만 판매의 어려움으로 중단할 수밖에 없었

2 박부용 명창이 무반주로 부른 1934년 '강원도아리랑'의 가사에 정선이 나오고, 노래는 긴아라리에 이어 엮음아라리가 나온다. 그래서 이 '강원도아리랑' 음반을 정선아라리의 첫 출현으로 간주할 수 도 있음. 다만 이 음반 보다 앞서 1932년 Victor 레이블로 박월정 명창이 노래한 '강원도아리랑 도라지타령' 노래가 있지만 이 음반은 지금까지 발견되지 않아 정선아라리와 관련이 있는지 확인이 안 됨.

다. 음반은 단순히 보는 유물이 아니라, 음악을 들려주는 매체다. 유성기에 담긴 아리랑은 유성기로 들어야 진정한 맛이 살아난다. 그러나 원반은 고가일 뿐 아니라 파손 위험도 크기 때문에, 실제 유성기에 올려 듣기 어렵다. 그래서 복제 음반을 제작했지만, 아리랑 관련 박물관이나 단체에서 별로 관심을 보이지 않아 제작을 중단하게 되었다. 그럼에도 주요한 아리랑 음반들은 원통 음반을 포함해 거의 복제하여 보존하고 있다.

이 글에서는 위의 12종 아리랑 음반(재발매 음반 제외)을 출반 순서대로 소개하고자 한다. 비록 음반으로 출반되진 않았지만, 1896년의 '유학생아리랑'보다 앞서 악보로 전해진 1886년의 '아이들아라렁'과 1896년의 '헐버트아르랑'도 함께 다룬다. 이 장에서 소개하는 '아리랑'에 대한 음악적 분석은 한국고음반연구회 신유빈 회원이 맡았다.

1 1886년 아이들아라렁(아리랑)과 1896년 헐버트아르랑(아리랑)

1. 최초의 오선보에 의한 '1886년 아이들아라렁'

1886년, 영어 교사로 조선에 온 미국인 선교사 호모 B 헐버트Homer B Hulbert는 그 해 10월 17일 미국에 있는 여동생에게 편지를 보낸다. "어제 나는 베란다에서 옆집 뜰에서 노는 아이들을 봤다. '아라렁 아라렁 아라디오'는 무슨 뜻인지는 모르겠구나."라는 설명으로 그는 조선 아이들이 부른 노래를 소개하며, 8소절의 오선지 악보를 편지에 적어 보냈다.

헐버트 박사가 영어로 옮긴 가사는 현재와는 다른 "아라렁 아라렁 아라디오 아라 우리손 아라디아"이지만 우리에게 익숙한 '아리랑'이다. 이는

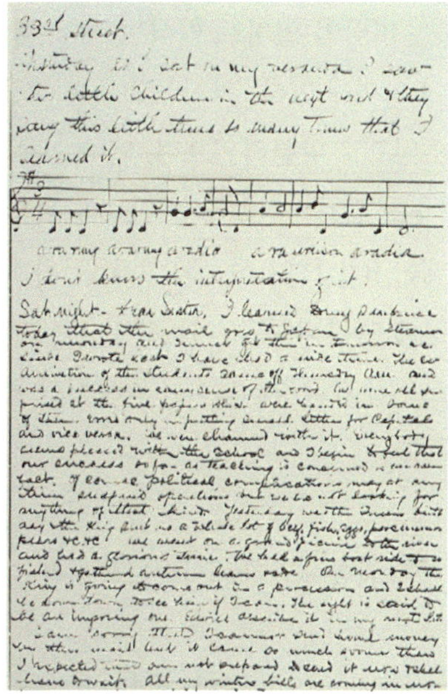

좌 호머 B. 헐버트(1863~1949)

우 '1886년 아이들아라렁' 악보가 수록된 헐버트의 편지(아리랑연합회 김연갑 이사장 제공)

헐버트 박사가 당시 아이들의 발음을 정확하게 적지 못했을 가능성도 있지만 1886년 당시 아리랑의 후렴구가 지금과는 다른 형태였을 가능성을 시사하는 중요한 자료이다. 이 편지는 헐버트 박사의 손자가 한국학해외자료수집팀에게 기증한 479통의 편지 중 한 통으로 '아리랑' 관련 문헌 중 이른 시기의 기록으로 평가되고 있다.

미국인 헐버트 박사는 서울 합정동에 있는 양화진외국인선교사 묘원에 영면해 있다. 박사는 1949년 7월 29일 광복절을 앞두고 이승만 대통령 초청으로 방한하였으며, 입국 일주일 후인 8월 4일 별세하셨다. 생전 그는 "나는 웨스터민스터 사원보다 한국에 묻히고 싶다."는 유언을 남겼고, 장례는 8월 11일 최초의 외국인 사회장으로 진행되었다. 그의 유해는 한국땅에 안장되었고, 이듬해인 1950년 3월 1일 대한민국 정부로부터 건국공로훈장 태극장(현독립장)이 추서되었다. 우리민족에게는 고마운 분이시다.

편지에 나타난 아리랑 가사

아라렁 아라렁 아라디오 아라 우리손 아라디아

'1886년 아이들아라렁'(일명 1886년 아이들아리랑)은 음반으로 출반된 아리랑은 아니지만, 우리민족의 아리랑이, 일부이지만 오선보에 최초로 기록되어

악보

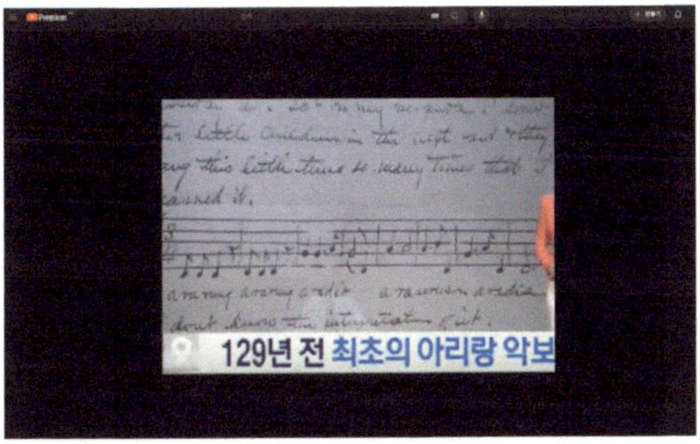

상 유튜브 〈정창관의 아리랑 1〉 채널 / A0 : '1886년 아이들아라렁' / 연주 시간 : 1분 16초(노래는 4번 반복)

하 음원이 수록된 CD 음반. 2016년 필자 제작 / 1930년 조선민요 연구에 근거한 〈새로운 창녕아리랑〉 12번 트랙.

전해지는 매우 귀중한 자료이다. 이에 필자는 이 악보를 바탕으로 직접 녹음한 음원을 소개한다. 해당 곡은 2016년 필자가 고향에 헌정하기 위헤 제작한 음반 1930년 조선민요 연구에 근거한 〈새로운 창녕아리랑〉 음반 12번 트랙에 '1886년 헐버트 편지에 나타난 아라렁'이라는 이름으로 수록되어 있다.

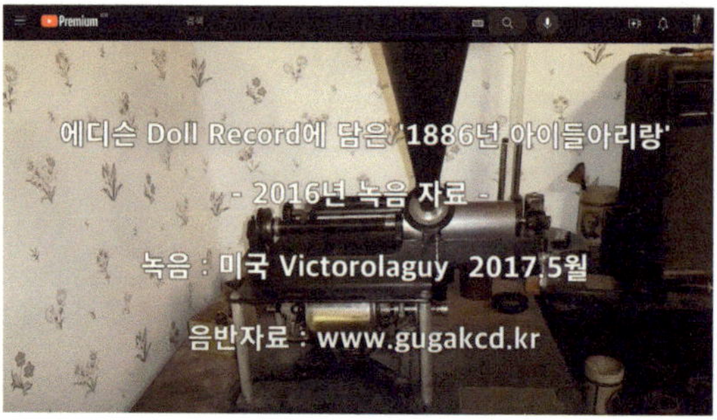

유튜브 〈정창관의 아리랑 1〉 채널 /
M5 : Edison Doll Record에 담은
'1886년 아이들아라렁' / 연주 시간 : 50초

이 곡의 노래는 유지숙 명창의 제자인 소리삼둥이 어린이들이 불렀으며, 아이들의 목소리를 통해 140여 년 전 헐버트 박사가 들었던 그 시절의 아리랑을 되살리는 시도를 하였다.

필자는 2017년에 '1886년 아이들아라렁'을 Edison Doll 원통 음반(인형 속에서 재생되는 아주 작은 크기의 음반)에 담아 보았다. 이 음반은 미국에서 제작하였으며, 1886년은 아직 Tinfoil Phonograph(틴포일유성기) 시대였지만 1888년부터 상용화된 에디슨 원통 음반 방식을 활용하여 녹음한 것이다.

그리고 2017년에 필자가 일종의 객기로 프랑스의 인쇄업자 레온 스콧(1817년~1879년)이 1857년에 발명한 포노오토그라프Phonoautograph의 복제품에 '1886년 아이들아라렁'을 기록해보는 실험을 진행하였다. 이 포노오토그라프는 에디슨 이전의 유성기 개념으로 소리의 파장이 시각적으로 어떻게 기록되는지를 연구하기 위한 장비이다. 소리 재생은 되지 않는다.(현재는 레이

유튜브 〈정창관의 아리랑 1〉 채널 /
M4 : Phonoautograph에 담은
'1886년 아이들아라렁' / 연주 시간 : 2분 9초

저 기술을 통해 재생이 가능하다고 함) 1857년 제작된 원본 포노오토그라프는 현재 남아 있지 않으며 복제품만 세계유명박물관에 전시되어 있습니다. 복제품조차도 실제 작동되는 장치는 매우 드물며 영상 속의 등장하는 작동하는 포노오토그라프 복제품은 현재 경주에 위치한 한국대중음악박물관(관장:유충희)에 전시되어 있다. 영상 속에 '아이들아라렁'이 기록된 검은 종이(여러번 시도함)는 현재 필자와 한국대중음악박물관이 소장하고 있다. 이는 아리랑을 최초 음향기록 장치 방식으로 시각화하려는 실험적 시도로서, 역사적 상징성과 예술적 도전이 함께 담긴 작업이었다.

음악적 분석

'1886년 아이들아라렁'은 조표 # 하나를 사용하여 서양음악어법에 익숙한 채보자가 아리랑을 솔·라·도·레·미로 구성된 솔선법의 음악으로 이해하고 있음을 알 수 있다. 박자표로는 3/4박자를 사용하여 3박 단위의 음악임을 드러내고 있다. 4번째 마디에서는 가사 한 자에 여러 음이 붙는 경우 이음줄을 사용하여 기보하였다. 전체적으로 가사나 악구에 의한 마디 구분은 크게 드러나 있지 않다. 다만 8마디를 한 줄에 그린 사실은 편지에 간략히 소개하는 것이기에 한 줄로 배치한 것인지 아니면 한 악구를 8마디로 보았기 때문인지 여러 가능성을 생각하게 한다. 10년 뒤인 1896년 『The Korean Repository』 수록한 헐버트의 아리랑 악보와 비교할 때 두 악보의 체제와 선율에는 일부 차이가 있으나 대체로 같다. 그 점에서 최초의 오선보에 의한 아리랑, '1886년 아이들아라렁'은 구아리랑의 골격을 잘 보여준다고 하겠다.

2. Korean Repository에 악보로 수록된 '1896년 헐버트아르랑'

『The Korean Repository』(한국휘보)는 1892년 1월 영국인 선교사 F 오링거에 의해 창간된 국내 최초의 영문잡지이다. 편집진은 주로 미국 출신의 선교사들로 구성되어 있었으며 조선의 정치, 사회, 경제, 문화, 문학 등 다양한 분야의 주제를 다루었다. 이 잡지는 오늘날에도 조선 말기와 대한제국 초기의 시대상을 연구하는 데 있어 중요한 1차 사료로 평가받고 있다.

헐버트 박사는 이 잡지에 꾸준히 기고하였으며, 특히 조선의 음악에

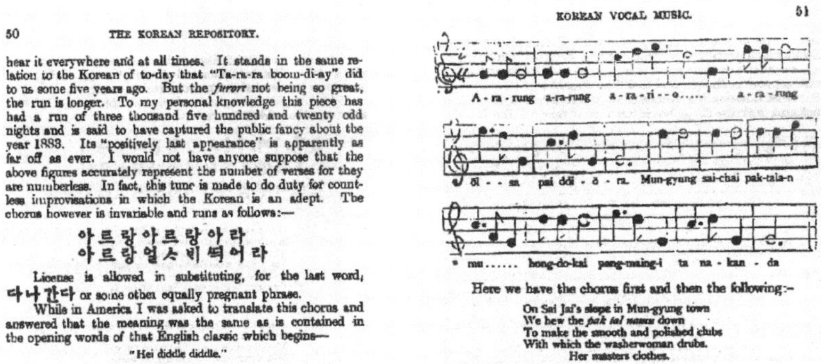

50 THE KOREAN REPOSITORY.

hear it everywhere and at all times. It stands in the same relation to the Korean of to-day that "Ta-ra-ra boom-di-ay" did to us some five years ago. But the *furore* not being so great, the run is longer. To my personal knowledge this piece has had a run of three thousand five hundred and twenty odd nights and is said to have captured the public fancy about the year 1883. Its "positively last appearance" is apparently as far off as ever. I would not have anyone suppose that the above figures accurately represent the number of verses for they are numberless. In fact, this tune is made to do duty for countless improvisations in which the Korean is an adept. The chorus however is invariable and runs as follows:—

아르랑아르랑아라
아르랑얼ㅅ비띄어라

License is allowed in substituting, for the last word, 다나간다 or some other equally pregnant phrase.

While in America I was asked to translate this chorus and answered that the meaning was the same as is contained in the opening words of that English classic which begins—

"Hei diddle diddle."

KOREAN VOCAL MUSIC. 51

A-ra-rung a-ra-rung a-ra-ri--o..... a-ra-rung

ŏl--sa pai ddi-ŏ-ra. Mun-gyung sai-chai pak-tala-n

mu...... hong-do-kai pang-maing-i ta na-kan-da

Here we have the chorus first and then the following:-

On Sai Jai's slope in Mun-gyung town
We hew the *pak tal namu* down
To make the smooth and polished clubs
With which the washerwoman drubs.
Her masters clothes.

「The Korean Repository」 50, 51 쪽.

깊은 관심을 가지고 여러 편의 글을 남겼다. 그 중에서도 1896년 2월호(Vol. 3. No. 2)에 실린 'Korean Vocal Music'이라는 글은 조선 민요를 주제로 다루며 악보도 함께 상세한 해설을 담고 있다. 이 글에 서양 오선보로 채보된 최초의 아리랑 악보와 그에 대한 설명이 수록되어 있다. 아리랑이 세계에 학술적으로 소개된 가장 이른 기록 중 하나로 역사적 가치를 지닌다.

"아르랑아르랑아라 아르랑얼사배띄어라"

라고 적으면서 악보에는 영어로

"A-ra-rung a-ra-rung a-ra-ri-o a-ra-rung ol-sa paiddi-o-ra

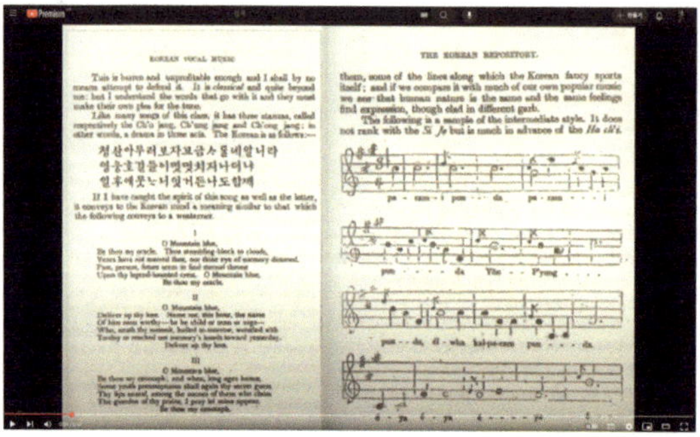

유튜브 〈정창관의 아리랑 1〉 채널 /
L2 : '1896년 헐버트아르랑' /
연주 시간 : 48초

Mun-gyung sai-chai pak-tala-nmu hong-do-kai pang-maing-i ta na-kan-da"

이 글에서 우리말로는 '아르랑'으로 적으면서 영어로는 'Ararung'라고 기록한 점도 의문을 자아낸다. 특히 '아르'라는 표현은 러시아를 의미한다고 해석하며, '남편을 사랑해', '나는 너를 사랑해'라는 뜻을 지닌다고 설명하고 있다. 또한 '축제용 배를 띄우자, 한국인은 강 위에서 배를 타고 잔치를 벌이는 풍습이 있다.' 등의 설명도 등장하지만, 현대의 시각에서는 문맥상 해석이 모호한 부분도 있다.

이 노래 역시 2016년 필자가 제작하여 고향에 헌정한 1930년 조선민요 연구에 근거한 〈새로운 창녕아리랑〉 음반에 수록되어 있다. 트랙 13번에 '1896년 헐버트아르랑'이라는 이름으로 수록되어 있으며 유지숙 명창이 불렀다.

상 유튜브 <정창관의 아리랑 1> 채널 / M6 : '1896년 헐버트아르랑' / 연주 시간 : 48초

하 악보.

이 음원을 에디슨 원통 음반에 담아 재생해 보았다.

음악적 분석

'1896년 헐버트아르랑'은 '1886년 아이들아라렁'으로부터 10년 뒤에 나타난 아리랑이다. 1886년 편지에 담은 아리랑 악보에는 조표가 있었으나 『한국휘보』의 아리랑 악보에서는 조표가 보이지 않는다. 두 악보의 선율은 일부 차이가 있으나 대체로 같으며, 헐버트가 아리랑을 솔·라·도·레·미로 구성된 솔선법의 음악으로 이해하고 있음을 알 수 있다.

박자표의 경우 1896년에는 2/4로 표기되었는데, 이는 '필사로 박자를 기입하는 과정에서 발생한 오류'라고 주장하는 학자도 있다. 한편, 1886년 아리랑 악보의 첫 번째 마디와 두 번째 마디에 등장하였던 쉼표는 1896년에서는 삭제되었다. 이러한 차이는 채보 당시 가창자가 달랐기 때문이거나 헐버트가 실제 연행현장에서의 유동성을 고려하여 '다소 길게 끄는 음'을 4분음표 보다는 2분음표로 표기하는 것이 보다 적합하다고 판단한 결과일 수도 있다.

가사나 악구에 의한 마디 구분은 크게 드러나 있지 않다. 가사를 참고할 때 한 줄에 4마디씩 분배하거나 후렴과 가사를 고려하여 8마디씩 구분하는 방법이 가능할 듯 보이나 그를 고려하지 않고 한 행에 5마디씩 배치한 점만이 확인된다. 또한 1886년에는 네 번째 마디와 같이 가사 한 자에 여러 음이 붙는 경우 이음줄을 그린 반면 1896년에서는 이음줄 대신 가사로 나타내었다는 차이점이 있다. 이와 같이 1886년과 1896년에 헐버트가 채보한 아리랑은 일부 차이는 있으나 솔선법의 3박 계열 노래라는 핵심 요소는 지켜지고 있다.

3. 1930년 이전에 악보로 나타난 '아리랑'

노래 '아리랑'을 논할 때 가장 중요하게 고려해야 할 요소는 소리꾼이 실제로 부른 음원에 나타난 '아리랑'이다. 그 다음으로 악보로 채보된 '아리랑', 그 다음이 책이나 문헌에 기록된 '가사' 혹은 '아리랑과 관련된 이야기'일 것이다. 앞서 소개한 '1886년 아이들아라렁'과 '1896년 헐버트아르랑'은 이 장에서 다룰 아리랑의 첫 음원인 '1896년 유학생아리랑'보다 앞선 시기에 악보로 기록된 사례이므로 별도로 정리하여 소개한 것이다.

아래는 필자가 정리한 1930년 이전 악보로 채보된 아리랑의 목록이다.

No.	출처	악보명	곡수	비고
1	1886년 헐버트의 편지	악보 8소절	1	1886년 아이들아라렁
2	1896년 The Korean Repository	아르랑	1	1896년 헐버트아르랑
3	1913년 조선의 민요 (가네쓰네 기요스케 지음)	아르랑(경성) / 아르렁(지방) / 아르렁(피리 연주곡)	3	
4	1914년조선속곡집(상권) (이상준 저)	정거장타령 / 아르렁타령	2	
5	1921년 신찬속곡집 (이상준 저)	아리랑타령 / 긴아리랑타령 / 강원도아리랑	3	

6	1929년 조선속곡집 (이상준 저)	아리랑 / 강원도아리랑	2	
7	1929년 영화소설 아리랑 (문일 편)	아리랑	1	

※ 이 악보 목록은 앞으로 더 발견될 가능성도 있음.

특히 목록 3의 책 『조선의 민요』에 수록한 아리랑 악보는 최근에 발굴된 자료로 아직 음원으로 담아내지 못하였지만, 목록 4의 '아르렁타령', 목

❶ 1914년 조선속곡집(상권) '아르렁타령' 악보

❷ 1921년 신찬속곡집 '아리랑타령' 악보

※ 이 장의 악보들는 2016년 함현상 작곡자가 채록함.

❸ 1929년 조선속곡집 '아리랑'(하권에 해당) 악보

❹ 1929년 영화소설 '아리랑' 악보

록 5의 '아리랑타령', 목록 6과 7의 '아리랑'은 앞서 소개한 음반, 1930년 조선민요의 연구에 근거한 〈새로운 창녕아리랑〉을 출반할 때 보너스 트랙으로 수록하였다.

이 곡들은 모두 유지숙 명창의 노래로 최초로 담긴 기록이며, 기존에 음원으로 존재하지 않았던 아리랑을 악보 그대로 부르도록 요청하여 담았다는 데에 그 의미가 깊다.

2 1896년 유학생아리랑 1·2·3

원통 음반,
미국 의회도서관 소장

우리민족의 최초의 음반은 현재 미국 의회도서관에 있는 6개의 에디슨 원통 음반Cylinder Record이다. 이 음반은 1896년 7월 24일 미국 워싱톤에서 녹음된 것으로 미국의 여성 인류학자인 앨리스 C. 플래처 여사(1838~1923)가 미 의회도서관 근처에 있었던 그녀의 집에서 3인의 조선인을 초청하여 녹음한 것이다.

이 음원은 미국 메릴랜드대학에 재직 중이던 로버트 프로바인 교수(2012년 정년퇴직)가 미의회도서관의 원통 음반 목록을 조사하는 과정에서 우연히 발견하고, 미의회도서관으로부터 DAT테이프 형태로 전달받았다. 1998년 4월 25일 한국국악학회에서 개최한 학술대회에서 이 음원을 카세트테

1896년 7월 24일 한민족 최초의 음원을 녹음한 앨리스 C. 플래처 여사와 집(워싱톤 소재, 현재는 없어짐, 전 메릴랜드대학 교수 프로바인 교수 증언)

이프에 담아 처음 소개하였으나, 음질이 열악하고 전문소리꾼의 소리가 아니라서 큰 관심을 끌지 못하였다. 이 사실을 알고 필자는 수소문 끝에 2007년 이 원통음반의 음원을 미의회도서관 한국인 사서로부터 CD로 입수하였고, 이를 바탕으로 정창관국악녹음집 제10집 〈1896년 7월 24일, 한민족 최초의 음원〉이라는 제목으로 CD 음반을 3,000매 출반하였다. 노래는 11곡으로 대략 10여 분 분량의 짧은 음원이다.

미국에서 CD로 전달받을 당시 이 음원은 1980년 미의회도서관의 'Federal Cylinder Project'에 따라 원통 음반을 디지털하면서 설명도 넣은 약 18 분 정도의 자료였다. 이 중 노래 부분만 발췌하여 2가지 버전으로 마스터링하고 설명이 담긴 음원도 트랙 작업을 하여 함께 수록하였다. 음반 출반 후 필자는 미국에 있는 프로바인 교수에게 음반을 보냈다. 1998년 자기가 국내에서 발표할 때는 아무도 관심을 보이지 않았지만, 필자가 음반을 보내니 연구를 이어가게 되었고 노래 부른 이의 신분도 밝혔다. 노래한 이는 3명(이희철, 안정식, 양손[3])으로 그 중 2명의 신원(이희철, 안정식)이 확인되어 2009년에 표지의 다자인을 바꾸어 1,000매를 재출반하였다.

프로바인 교수가 1896년 녹음 당시의 상황을 이렇게 기술하였다.

> 1896년 7월 24일, 조선인 남성 3명이 미국 워싱턴 시내 국회의사당 근처에 있는 한 여성인류학자의 집을 찾는다.
>
> 남성 1 "양반 체면에 여자 혼자 사는 집에 간다는 게 영 마음에 걸리네만……"
>
> 남성 2 "여긴 미국일세. 그리고 우린 엄연히 부탁 받아 가는 게 아닌가."
>
> 남성 3 "그런데. 무슨 기계에 대고 노래만 부르면 되는 거라네. 우리 노

3 노래한 3명 중 양손은 신원이 불명확하지만 널리 알려져 있음으로 같이 서술함. 이후 나오는 내용에서도 동일함.

래를 녹음해서 후세에 남긴다지 않나. 학문 연구가 목적이라니 도와주는 게 도리라고 생각하네."

또한 프로바인 교수는 녹음에 참여한 이들이 유학생이라는 것도 밝혔다. 그는 1896년 5월 8일자 『The Washington Post』에서 '하워드(워싱톤에 있는 대학)에 재학 중인 7명의 한국인', '미국 유학을 위해 집을 떠나다'라는 제목의 기사를 발굴하였다. 해당 기사에는 "이들 7명은 귀족의 자제이지만, 영어는 전혀 이해하지 못하고, 조선의 주미공사의 비용으로 체류하게 될 것이다."라고 적고 있다. 이를 바탕으로 원통 음반에 녹음한 3인의 조선인이 유학생이었음이 밝혀졌고, 이에 따라 필자는 이 노래를 '유학생아리랑'으로 명명하였다.

사실 2007년 1월경 프로바인 교수에게 자료를 얻기 위해 처음 접촉을 시

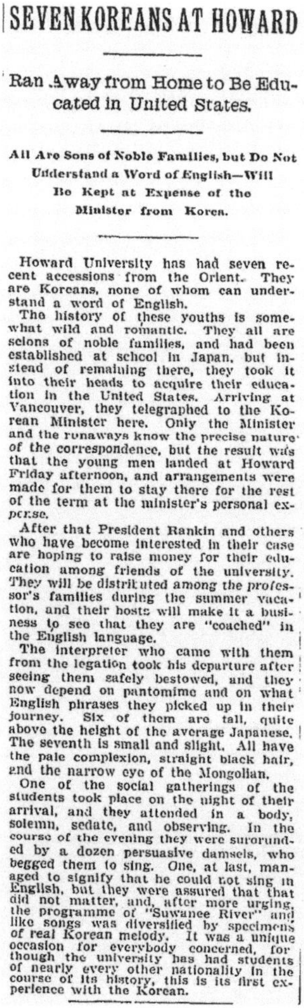

SEVEN KOREANS AT HOWARD

Ran Away from Home to Be Educated in United States.

All Are Sons of Noble Families, but Do Not Understand a Word of English—Will Be Kept at Expense of the Minister from Korea.

Howard University has had seven recent accessions from the Orient. They are Koreans, none of whom can understand a word of English.

The history of these youths is somewhat wild and romantic. They all are scions of noble families, and had been established at school in Japan, but instead of remaining there, they took it into their heads to acquire their education in the United States. Arriving at Vancouver, they telegraphed to the Korean Minister here. Only the Minister and the runaways know the precise nature of the correspondence, but the result was that the young men landed at Howard Friday afternoon, and arrangements were made for them to stay there for the rest of the term at the minister's personal expense.

After that President Rankin and others who have become interested in their case are hoping to raise money for their education among friends of the university. They will be distributed among the professor's families during the summer vacation, and their hosts will make it a business to see that they are "coached" in the English language.

The interpreter who came with them from the legation took his departure after seeing them safely bestowed, and they now depend on pantomime and on what English phrases they picked up in their journey. Six of them are tall, quite above the height of the average Japanese. The seventh is small and slight. All have the pale complexion, straight black hair, and the narrow eye of the Mongolian.

One of the social gatherings of the students took place on the night of their arrival, and they attended in a body, solemn, sedate, and observing. In the course of the evening they were surorunded by a dozen persuasive damsels, who begged them to sing. One, at last, managed to signify that he could not sing in English, but they were assured that that did not matter, and, after more urging, the programme of "Suwanee River" and like songs was diversified by specimens of real Korean melody. It was a unique occasion for everybody concerned, for though the university has had students of nearly every other nationality in the course of its history, this is its first experience with the Korean.

프로바인 교수가 찾아 낸 1896년 5월 8일 『*The Washington Post*』 기사

도했을 때, 교수는 1998년에 미의회도서관으로부터 받은 테이프 자료도 어디에 보관되어 있는지 찾을 수 없다고 했다. 그래서 미의회도서관과 직접 연락을 시도하였고 그 과정은 대단히 어려웠다. 다행히 당시 로버트 김 선생님의 도움을 받아 미의회도서관의 한국인 사서를 알게 되어 이 음원을 확보할 수 있었다. 한참 뒤에야 알게 된 사실이지만, 이 음원은 소정의 비용만 지불하면 누구나 미의회도서관으로부터 공식적으로 복사받을 수 있는 자료였다. 도움을 준 로버트 김 선생님은 한국계 미국인으로 미국 해군정보국 컴퓨터 분석관으로 근무하던 중 북한 관련 잠수함 정보를 한국에 전달한 혐의로 간첩죄 유죄판결을 받고 옥고를 치룬 분이다. 필자는 그 분의 후원회에 가입하여 활동하면서 인연을 맺게 되었다.

여담이지만, 2007년 당시 음원을 구한 뒤 감사의 뜻으로 미의회도서관에 근무하던 한국인 사서에게 국악CD 음반을 선물로 보냈다. 그러나 그는 자신은 이런 선물을 받을 수 없다고 하면서 그 CD를 도서관에 기증하겠다고 했다. 그래서 미의회도서관은 책 뿐만 아니라 음반도 기증을 받는다는 사실을 알려주었다.

이 계기로 필자는, 적은 비용으로 우리 국악을 세계에 알리는 효과적인 방법은 CD 음반 기증이라는 확신을 가지게 되었고, 바로 '세계 유명 도서관 국악 CD 음반 기증 사업'을 혼자서 시작하게 되었다.

이후 지금까지 세계 각국의 도서관에 5,000여 매, 이 중 미의회도서관에는 1,618매의 국악 CD를 기증하였다. 하지만 현재는 국악 음반 출반이

필자가 출반한 음반 정창관녹음집 제10집 / 1896년 7월 24일 〈한민족 최초의 음원〉 표지(2007년, 2009년 증보반) 및 11곡 음원.

크게 줄어들어 음반을 수집해 해외로 보내는 일이 점점 어려워지고 있다. 그래서 현재는 미의회도서관 한 곳에만 기증 활동을 지속하고 있다.

미의회도서관은 음반을 보내면 꼭 감사편지를 우편으로 보내준다는 것이다. 그 편지를 받을 때마다 기분이 참 좋다. 그리고 기증을 한지 10년쯤에 필자에게 특별한 혜택이 하나 주어졌다. 사실 미국에 우편으로 음반을 보내면 우편료가 부담이 되는데, 필자는 미의회도서관의 국내 대리점에 음반을 택배로 보내면 그들의 비용으로 음반이 미국으로 간다. 필자만이 가지고 있는 특별한 혜택이다.

한편 2007년에 필자가 출반한 CD 음반은 녹음에 참여한 소리꾼의 신원이 알려지지 않았기에 1890년대 조선인 사진과 엘리스 플래처 여사의

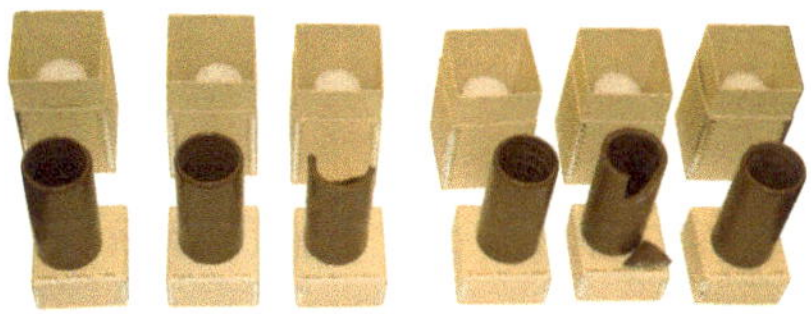

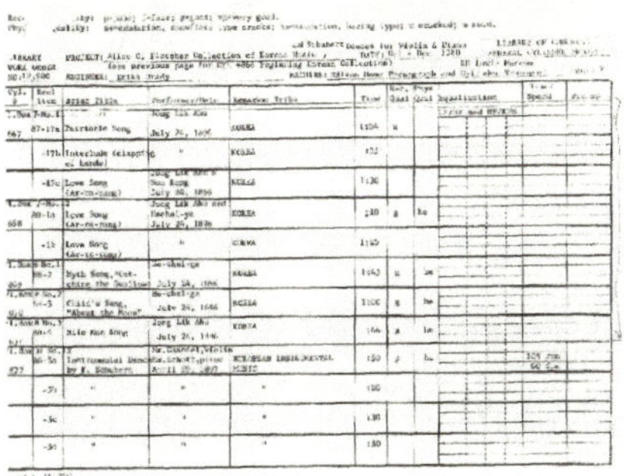

미의회도서관 소장 6개의 원통 음반과 미의회도서관 보내 준 6개의 한국관련 원통 음반 6개 서류(사진 미의회도서관 제공)

사진을 합성하여 표지 이미지로 사용하였으나 2009년에 녹음에 참여한 소리꾼(유학생)이 확인되면서 그들의 사진을 반영하여 표지를 교체하여 CD를 재출반하였다.

총 6개의 원통형 음반에는 모두 11곡이 수록되어 있다. 각 음반에는 녹음 당시 플래처 여사가 직접 작성한 메모가 남아 있으며, 이 음반들과 메모는 1940년대에 플래처 여사의 후손에 의해 미의회도서관에 기증되었다. 이후 지하 수장고에 보관되어 있다가 프로바인 교수에 의해 세상에 알려지게 되었다. 프로바인 교수의 조사에 따르면 이들 6개중 중 2개의 원통 음반이 일부 파손된 상태이지만, 하나(사진 왼쪽)는 플래처 여사가 파손된 음반에 녹음한 것이고, 하나(사진 오른쪽)는 1980년대에 미의회도서관에서 디지털 음원으로 전환 후 파손되었기 때문에 1896년에 녹음한 모든 음원은 CD 음반으로 복각된 상태이다.

상기 사진은 필자의 부탁에 의해 미의회도서관 사서가 개인 카메라로 촬영하여 보내준 여러 사진 중의 한 장이다. 음원을 포함한 관련 자료들은

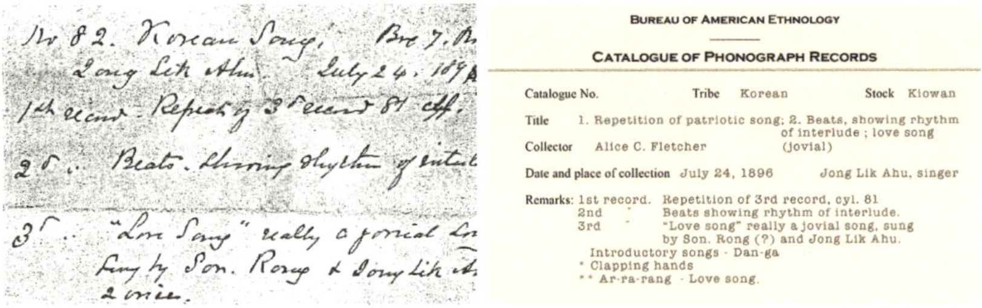

BUREAU OF AMERICAN ETHNOLOGY

CATALOGUE OF PHONOGRAPH RECORDS

Catalogue No. Tribe Korean Stock Kiowan

Title 1. Repetition of patriotic song; 2. Beats, showing rhythm of interlude ; love song (jovial)

Collector Alice C. Fletcher

Date and place of collection July 24, 1896 Jong Lik Ahu, singer

Remarks: 1st record. Repetition of 3rd record, cyl. 81
2nd " Beats showing rhythm of interlude.
3rd " "Love song" really a jovial song, sung by Son. Rong (?) and Jong Lik Ahu.
Introductory songs - Dan-ga
* Clapping hands
** Ar-ra-rang - Love song.

엘리스 플래처 여사가 1896년 녹음시 작성한 메모와 이 메모에 근거해 미의회도서관이 원통 음반에 부착한 라벨.

출처를 미의회도서관 으로 명기해주면 누구라도 비영리 목적에 한해 자유롭게 사용해도 좋다는 내용의 이메일을 전달받았다.

해당 사서는 여러 각도에서 원통 음반을 디테일하게 촬영하여 보내주어, 덕분에 미의회도서관에 소장되어 있는 원통 음반과 동일한 외형의 복제품을 제작할 수 있었다. 원통 음반 통에 적힌 문구는 엘리스 플래처 여사가 남긴 메모에 기반을 둔 것으로, 이 메모지 내용도 2007년 CD 음반을 보내준 뒤 프로바인 교수가 추가로 밝힌 것이다. 그리고 이 원통 음반을 듣고 오선보로 채보한 악보도 미의회도서관에 보존되어 있다. 악보에는 여러 가지 필체가 섞여 있는 것으로 보아 앨리스 플래처 여사와 제자들이 함께 작성했을 가능성이 크다.[4] 아쉽게도 아리랑 노래에 해당하는 악보는 없

4 해당 내용은 추정한 것이지만 일반적으로 알려진 내용이기에 서술함.

2010년 7월 18일 방영된
KBS스페셜 발굴추적
'114년전 한국인의 목소리' 영상.

다. 필자는 이 악보 복사본을 미의회도서관으로부터 정식으로 구입한 후, 2018년경 국립국악원에 기증하였다.

1896년 한민족 최초의 음원 6개의 원통 음반에 대해서는 2010년 7월 18일 일요일 오후 8시 KBS스페셜로 방영된 발굴추적 〈114년전 한국인의 목소리〉라는 프로그램을 통해 자세히 소개된 바 있다. 이 다큐멘터리에서는 녹음에 참여한 소리꾼 이희철의 후손을 필자가 직접 찾아가는 과정, 그리고 그의 묘소를 찾아 참배하는 장면 등이 생생하게 기록되어 있다. 당시 방송은 이 음원의 역사적 가치뿐 아니라, 이를 복원하고 추적한 과정까지 집중 조명하여 문화사적 의미를 널리 알리는 데 기여하였다.

이 6개의 원통 음반 중 2번 음반 중 3번째 곡, 3번 음반 중 1, 2번째 곡으로 'Love Song, Ar-ra-rang'이라는 제목의 아리랑이 수록되어 있다. 2번 음반 중 3번째 곡은 안정식, 양손 선생이 부르고, 3번 음반 중 1, 2번곡은 이희철, 안정식 선생이 부른다. 옆의 가사를 보면 알겠지만, 2번째 곡을 녹음할 때 첫 번째 곡을 다시 부르기에 중단시키고 이어 3번째 곡을 부르게 한 것이다. 당시에는 잘 못 녹음해도 수정이 불가능했기 때문에 그대로 담아두고 이어 녹음한 것이다. 2번째 곡은 실수이지만, 이 3곡의 아리랑을 '1896년 유학생아리랑 1·2·3'으로 명명하였다. 음반에 담긴 가사는 여러 사람의 도움으로 채록하였지만 워낙 오래된 음원이라 가사가 명확하게 들리지 않은 부분도 있다. 특히 주목할 사실은 노래의 제목이 'Love Song, Ar-ra-rang'이라고 영어로 표기되어 있다는 것이다. 유추해보면 1896년 2월 아관파천시 일본에 유학갔던 학생 중 러시아와 관련된 고위층 자제들이 신변의 위험을 느껴 일본 요코하마에서 미국으로 도망가 워싱톤 D.C.에 위치한 흑인계 대학인 하워드대학에서 공부하게 된다. 그 해 7월에 엘리스 플래처 여사의 자택에 초청되어 우리 노래를 녹음한 것이다. 녹

유튜브 〈정창관의 아리랑 1〉 채널 / A1 : '1896년 유학생아리랑 1·2·3' / 연주 시간 : 3분 11초

음 시 여사가 이 노래가 무슨 노래냐고 물었을 때 짧은 영어 실력에 유학생들이 '아라랑, 사랑노래'라고 대답하였을 것으로 추정되며, 이는 당시 유학생들이 이 노래 '아리랑'을 사랑을 주제로 한 민요로 이해하고 있었음을 보여주는 증거이기도 하다. 실제 노래는 '아리랑' 혹은 '아라랑'으로 들리기도 하다.

• 가사

1. 1896년 유학생아리랑 1 | 안정식·양손

산도 설고 물도 설네 누굴 바라고(무얼 싸갖고) 여기왔나
별도어린 자강정에 풍악산 세돌아 여기오나
아리랑 아리랑 아라리요 아리랑 얼-쓔 아라리야
노다가세 자다가세 저달이 지도록 노다가세

산도 설고 물도 설네 희망을 찾아서 여기왔나
아리랑 아리랑 아라리요 아리랑 얼-쓔 아라리야
일도창해 고국산천 가세각시가 보고싶네
아리랑 아리랑 아이고-오

2. 1896년 유학생아리랑 2 | 안정식·이희철

산도 설고 물도 설네

3. 1896년 유학생아리랑 3 | 안정식·이희철

명사십리 해당화는 가난을 쫓어서 여기있나
한강수에 화련호는 이리저리로 왕래허네
아리랑 아리랑 아라리요 아리랑 얼-쓔 아라리야

녹음방초 승화시에 우산같은 말이있고
이팔청년 소년들은 꽃을꺽어 머리에얹고
산에 올라 들구경하네
아리랑 아리랑 아라리요 아리랑 얼-쓔 아라리야
노다가세 자다가세 저달이 지도록 노다가세
-끝-

이 음반의 소리꾼은 전문소리꾼이 아닌 일반인, 즉 유학생들로 1890년대 당시 장안에서 일반 대중이 부른 요즈음의 대중가요, 유행가 형태의 '아리랑'을 불렀을 것이다. 이는 사료적으로 매우 가치가 높으며, 음원으로 확인할 수 있는 가장 오래된 아리랑이다. 더하여 1890년대 일반 대중의 민요 창법과 발음을 직접 확인할 수 있는 유일한 사료이다.

1번곡의 소리꾼 안정식Jong Sik Ahn은 경기도 광주부 상림 출생으로 1895년 5월 일본 경응의숙(지금의 게이요대학)에 유학하였다. 27세 였던 1896년 2월 27일과 28일 사이 경의의숙 기숙사를 빠져나와 같은 유학생 5명과 함께 일본

1901년 2월 7일 고베에서 주한미국 전권공사 호리스 알렌이 공증한 문서 (KBS스페셜 발굴추적 '114년전 한국인의 목소리' 영상에서)

요코하마를 출항하는 캐나다 태평양 철도회사의 기선 'Empress of India' 호에 승선하였다. 이들은 동경 재일공사가 재미공사 서광범에게 보내는 서신을 소지하고 밴쿠버를 거쳐 워싱톤에 4월에 도착하였다. 그리고 서광범 공사의 주선으로 하워드대학 입학하게 되었다.

같이 부른 1번곡의 소리꾼 양손은 영어로 Son Rong이라고 적혀 있는데 누구인지 아직까지 확인되지 않고 있다.

2, 3번곡의 이희철He Chel Ye은 경성 서부차동 이용만의 장남으로 25세(1895년)에 경의의숙에 입학하여 1896년 3월 30일 미국으로 도항하였다. 역시 안정식과 같이 하워드대학에서 공부하였다. 이희철은 1901년 조선으로 돌아올 때 고국에서 정치적 활동을 하지 않으면 조용하게 살겠다는 편지에 고베에 있는 주한미국전권공사의 공증을 받아 귀국한 후, 만주에서 사업을 하다가 1919년 7월 26일 병사하였다고 후손으로부터 들었다. 경기도 수원에 거주하고 있는 이희철의 손자에 따르면 1919년 병사한 할아버지의 묘지가 남

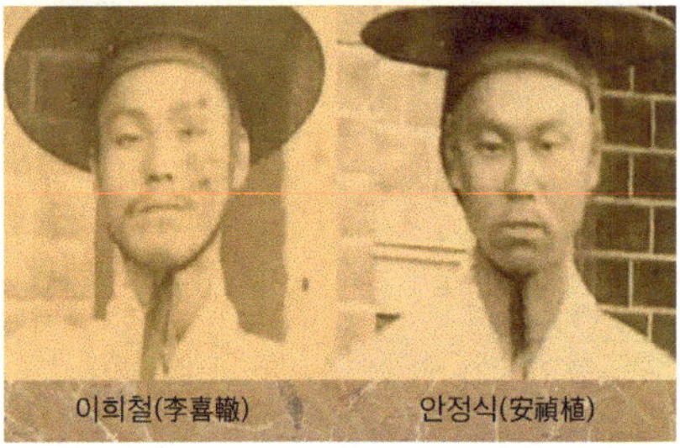

상 1989년 출간한 한림대학교 아시아문화연구소 교양총서 2, 『재미한인의 독립운동』, 329쪽 사진.

하 게이요대학 소장 입학식 사진에서 발췌한 이희철·안정식 사진.

아있지 않아, 1901년 할아버지가 고국으로 돌아올 때 가져온 공증받은 편지 원본을 유골함에 넣어 경기도 수원 근처에 산소를 조성하였다고 한다.

옆 사진은 1896년 10월 1일 미국 워싱톤 하워드대학에 재학 중인 한인유학생들의 기념사진이다. 뒷줄 왼쪽이 이희철, 뒷줄 오른쪽이 안정식으로 확인된다. 이 사진은 1896년 미국 유학 1세대 한국인들의 존재와 활동을 시각적으로 증명하는 희귀한 사료로써, 국악사뿐 아니라 한민족 이민사 연구에서도 중요한 자료로 평가된다.

필자는 2017년 미국에서 1896년 녹음된 6개의 원통 음반의 복제품을 제작하였다. 미의회도서관의 기록물에는 이 음반의 재생속도가 99 rpm으로 명시되어 있다. 에디슨이 발명한 원통 음반은 1902년에 이르러서야 표준 재생속도가 160 rpm으로 확정되어 2분 정도의 음악이 녹음되었다. 그 이전까지는 100 rpm, 120 rpm, 125 rpm 등 다양하게 녹음되어 전해지기

필자가 2017년 미국에서 제작한 6개의 원통 음반 복제품과 그 중 '아리랑' 재생영상 2개(필자 소장)

때문에 재생시 속도를 개별적으로 조정해서 감상해야 한다. 미국에서 제작한 위 복제품은 99 rpm으로 원본 그대로의 재생속도로 담은 것이다. 또 11곡 중 아리랑 3곡은 직접 듣기 위해 별도로 2개의 원통 음반에 담았다. 그러나 2개의 원통 음반은 재생을 많이 한 결과로 음질이 크게 저하되어 필자가 2022년에 원통 음반을 깎아서 표준 재생속도 160 rpm으로 새롭게 녹음하여 소장하고 있다. 필자는 현재 원통 음반 녹음에 대한 필요한 기술을 어느 정도 확보하고 있으며, 원통 음반Brown Wax Cylinder Record의 표면을 깎아서 다시 사용할 수 있는 Shaving Machine도 소유하고 있다.

필자는 2016년부터 주요한 아리랑 원통 음반 및 유성기 음반 복제품을 제작하는 '주요 아리랑 음반 복제사업' 프로젝트를 시작하여 현재 원통 음

4분용 원통 음반에 담은 '1896년 유학생 아리랑 1·2·3'

반 3개와 주요한 아리랑 유성기 음반 13종(**총 15종 중 2종은 유행가 윤심덕의 '사의 찬미'와 고복수의 '타향'임**)을 완성한 후 종료하였다. 그 첫 번째 사업으로 3곡의 유학생아리랑을 4분용 원통 음반 1장(**CKJ-101**)에 담았다. 지금도 반영구적으로 재생할 수 있는 레진 재질의 원통 음반을 제작하는 회사가 유일하게 영국에 있다.

미의회도서관에 보관 중인 6개의 원통 음반은 분명 미국의 소장자료이지만, 우리 민족에게는 후손에게 물려주어야 할 소중한 문화유산이기도 하다. 이 음반은 1896년, 조선 유학생들이 부른 '아리랑'을 세계 최초로 담은 실존 음원으로, 한민족 최초의 소리 기록물이라는 역사적 의미를 지닌다.

미의회도서관의 한국인 사서에 따르면, "이 원통 음반은 플래처 여사의 후손이 정식으로 미의회도서관에 기증한 것이기 때문에 한국으로의 기증은 거의 불가능하다."라고 이야기했다. 하지만, 한미 양국의 오랜 우호관계와 문화협력의 상징성을 고려할 때, '국가 차원의 영구 임대' 등의 형식으로 이 유산이 한국에 들어오기를 간절히 바라고 있다. 미국 입장에서는 수천

개 중의 6개의 원통 음반이지만, 우리에게 이 원통 음반은 한민족이 처음으로 남긴 노래의 흔적이자, 민족 정체성과 존재를 증명하는 기록물이다.

녹음에 참여한 두 명의 유학생은 1896년 일본 게이요대학에 유학 중이던 조선의 젊은이들이었다. 아관파천이라는 격동의 시기에 신변의 위협을 느껴 미국으로 도망간, 망명한 학생들이다.

그들이 남긴 노래, "산도 설고 물도 설네 무얼 바라고 여기 왔나…"라고 시작하는 '사랑노래 - 아라랑'의 첫 마디는 그 시절 우리 민족의 고단했던 역사와 정서를 고스란히 담고 있는 증언이다. 이 노래는 역사의 울음이다.

음악적 분석

'1896년 유학생아리랑'은 오늘날 '구아리랑' 또는 '구조아리랑'이라 부르는 음악과 선율이 유사한 편이다. 그러나 현행 음악에 비해 속도가 상당히 빠르며, 가장 유사한 선율을 보여주고 있는 후렴구 역시 장식음을 모두 걷어낸 핵심음만 비교하여야 비로소 같은 계통의 음악임을 확실히 할 수 있다. '유학생아리랑'은 비슷한 시기 미국인 선교사 헐버트가 남긴 악보의 선율과 궤를 같이하나 그 역시 완벽히 일치하지는 않고 있다. 특히 도입부는 저음역을 활용하여 신선한 선율선을 보여주고 있어 주목된다. 시김새는 두드러지게 나타나지 않고 있으나 솔·라·도·레·미가 모두 골고루 쓰이고 있으며 4도 관계에 있는 솔과 도가 주요하게 쓰이고 있기 때문에 경토리로 볼 수 있다.

3 1907년 아리랑타령

노래 : 한인오·관기 최홍매 등
(미국 Columbia Record 쪽반 2778)

1907년에 출반된 이 음반은 현재 발견되지 않아 그 노래를 어떻게 불렀는지 알 수 없다. 앞 서 소개한 '1896년 유학생아리랑 1·2·3' 원통 음반은 우리민족의 최초의 아리랑 음원이라면 '1907년 아리랑타령'은 상업용 유성기 음반에 수록된 최초의 '아리랑'이다.

이 〈아리랑타령〉 음반은 일본의 삼광당(1910년 일본축음기상회로 개칭)이 미국 콜럼비아사와 합작하여 일본음악을 녹음하면서 같이 녹음되었다. 1906년 2월에 한국 음악가들을 오사카로 초청해 녹음한 뒤, 그 마스터를 미국으로 가져가서 음반을 제작하여 국내로 들어온 것이다. 녹음부터 유통까지 상당한 기간이 소요되었음을 알 수 있다. 이 음반은 1907년 3월에 정식으로

30매 중의 한 장인 음반번호 2775인 〈유산가〉 음반 라벨.

국내에 판매 광고를 낸 30매 중의 한 장으로 당시에는 양면 제작이 불가능하여 한 면에만 음악을 수록하는 쪽 반으로 출반되었다.

일부 학자들은 최초의 상업용 음반 출반을 '1906년 녹음'이라는 시점을 기준으로 우리 민족의 첫 상업용 음반 시기를 1906년이라 주장하기도 한다. 그러나 필자는 음반은 실제 출반일을 기준으로 삼는 것이 타당하다고 판단하여, 상업용 첫 아리랑 음반을 '1907년 아리랑타령'으로 표기하고 있다. 이는 1907년에 해당 음반이 정식으로 출반되었기 때문이다.

이 음반과 관련하여 일본인 야마구치 가메노스케는 그가 1936년에 출판한 『레코드문화발달사』에서 다음과 같이 언급하고 있다. "조선으로부터 한인오, 관기 최홍매 외 3인을 오사카로 불러 유산가, 적벽가 등 총 30면의 조선 곡을 녹음하게 한 것은 교통편이 발달하지 않은 당시로서는 괄목할 만한 일이라고 할 수 있다."

이 30매 중 8곡(다음 목록 참고)은 2007년 동국대학교 한국음악아카이브에서 출반한 한국유성기 음반복원시리즈(1) 〈한국의 첫음반 1907〉-한인오 최홍매-음반에서 음원이 소개된 바 있으며, 추가로 3장 정도는 국내에 그 음

30곡 중 8곡이 수록된 동국대학교 한국음악아카이브 출반 음반.

반을 소지한 사람이 있는 것으로 필자는 확인하고 있다. 출반 100주년을 기념하여 제작된 〈한국의 첫음반 1907〉음반은 우리 전통음악의 출발을 알리는 귀중한 자료로 반드시 감상해보아야 할 음반이다.

사실 30매의 자세한 내용은 최근에야 알려진 사실이다. 2015년경 일본인 고음반 전문가 가토 마사요시가 이들 음반의 전체 목록을 공개하면서, 그 실체가 드러났다. 이 녹음에 참여한 인물 중 최홍매는 관기 출신으로 30매 대부분의 곡에 참여하였고, 한인오는 고수이자 소리꾼으로 함께 하였다. 반주는 해금, 피리, 장고, 그리고 현악기 등으로 구성되어 있다.

이 목록이 발견되기 전까지는, 1913년에 출반된 '경성란란타령'(이에 대해서는 다음 장에서 자세히 설명함)이 상업용 아리랑 음반의 최초 사례로 알려져 있었다. 그러나 가토 마사요시의 목록 공개로 인해, 최초의 상업용 아리랑 음반은 6년 앞선 1907년에 이미 출현했음이 밝혀진 것이다.

미국 Columbia Phonograph Co.의 음반번호 2778(매트릭스 번호 450)에는 '아리랑타령'이라는 제목으로 해당 곡이 수록되어 있다. 한인오와 최홍매를 비롯한 총 5인이 녹음에 참여하였다. 이 음반은 우리 민족에게 있어 반드시 찾아야 할 귀중한 문화유산이지만, 현재로서는 발견되기 어려운 음반으로 여겨진다.

1907년 미국 Columbia사 출반 쪽반 30매 목록

음반 번호	곡 명	〈한국의 첫음반1907년〉 8곡 수록곡	비고
2774	단위타령		
2775	유산가	1번 트랙	
2776	제비가		
2777	담바귀		
2778	**아리랑타령**		
2779	적벽가	2번 트랙	
2780	휘모리	3번 트랙	
2781	난봉가		
2782	사랑가		
2783	산염불	4번 트랙	
2784	삼월절기		
2785	선유가		
2786	형장가		
2787	집장가		
2788	양산도	5번 트랙	
2789	다정가		경주 한국대중음악박물관 / 국악음반박물관 소장
2790	임가	6번 트랙	

2791	양흥가		
2792	가진가		
2793	염불		
2794	군가		
2795	승무장담		인터넷 경매로 낙찰 (소장자는 모름)
2796	심청가		
2797	소춘향가		
2798	시철시조	7번 트랙	
2799	황계사	8번 트랙	
2800	벽구사		경주 한국대중음악박물관 소장
2801	수양산가		
2802	지름가		
2803	평시조		
30 매			

수년 전, 필자는 1906년에 녹음된 '아리랑타령'의 마스터 음반이 미국 콜럼비아사Columbia Phonograph Co.에 남아 있을 가능성을 염두에 두고 수소문한 바 있다. 당시 Columbia사는 RCA를 거쳐 현재의 Sony로 인수·변경되었기에, 필자는 미국 뉴욕에 있는 Sony 지사와 이메일을 통해 직접 연락하였다. 그때 Sony의 담당자는 자사가 보관 중이던 음반 마스터들은 모두 스미소니언협회Smithsonian Institution에 기증했다고 답변하였다.

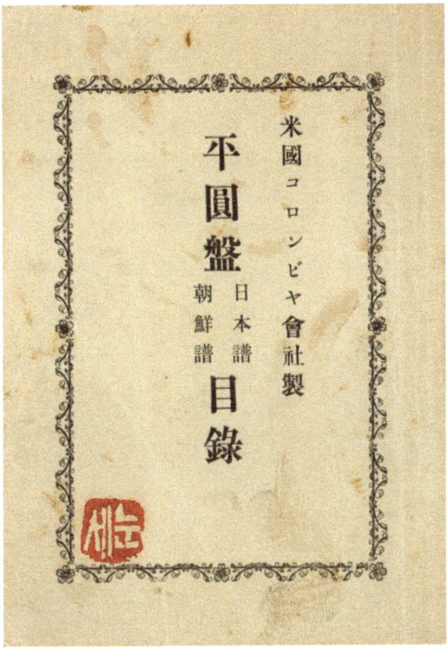
米國コロンビヤ會社製

平圓盤目錄

日本譜
朝鮮譜

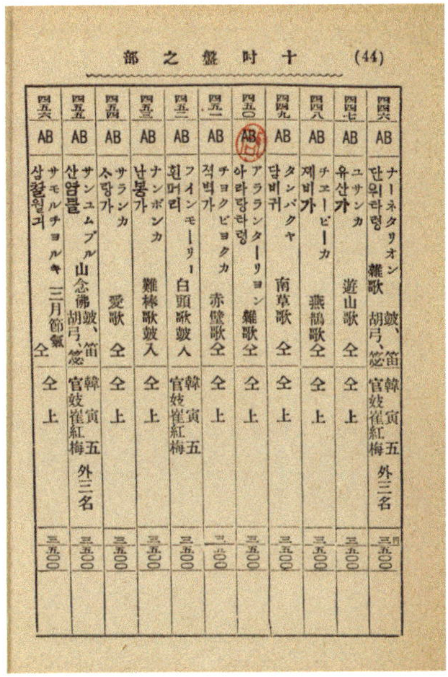
(44) 十吋盤之部

番號	面	曲目	種類	演奏者	價格
四四六	AB	ナーネタリオン 단위라령	雜歌 鼓、笛 胡弓、淴	韓寅五 官妓崔紅梅 外三名	三.五〇〇
四四七	AB	ユサンカ 유산가	遊山歌 仝	仝上	三.五〇〇
四四八	AB	チエービーカ 제비가	燕鵲歌仝	仝上	三.五〇〇
四四九	AB	タンバクヤ 담바귀	南草歌 仝	仝上	三.五〇〇
四五〇	AB	アラランターリヨン 아라랑타령	雜歌仝	仝上	三.五〇〇
四五一	AB	チヨクビヨクカ 적벽가	赤壁歌仝	仝上	三.五〇〇
四五二	AB	フインモーリー 흰머리	白頭歌鼓入	韓寅五 官妓崔紅梅	三.五〇〇
四五三	AB	ナンボンカ 난봉가	雜棒歌鼓入	仝上	三.五〇〇
四五四	AB	サランカ 사랑가	愛歌 仝	仝上	三.五〇〇
四五五	AB	サンユムブル 산염불	山念佛 鼓、笛 胡弓、淴	韓寅五 官妓崔紅梅 外三名	三.五〇〇
四五六	AB	サモルチヨルキ 삼월절기	三月節氣 仝	仝上	三.五〇〇

미국 콜럼비아레코드사 출반 목록집(김연갑 제공)

그러나 그 기증 목록에 '아리랑타령'의 마스터 음반이 포함되어 있는지 여부는 확인되지 않았고, 스미소니언은 방대한 조직이어서 어디에 문의해야 할지조차 막막하여 끝내 포기할 수밖에 없었다. 지금도 이 마스터 음반을 다시 찾고 싶은 간절한 마음은 여전하다.

4 1913년 경성란란타령

노래 : 김연옥·조모란
(Nipponphone 6170)

〈1913년 경성란란타령〉은 1913년 6월 일본축음기상회(일축)의 Nipponphone 레이블로 출반한 Corean Song 유성기 음반이다. 이 음반은 일축의 2차 녹음으로 1913년 봄에 동경에서 녹음되었다. 김연옥, 조모란 명창이 함께 불렀는데 지금의 '긴아리랑'이다. 당대의 광고에는 '경성아르렁타령'이라는 명칭으로도 소개되었다.

최초의 상업용 아리랑 유성기 음반은 앞서 언급한 1907년, 미국 콜럼비아사에서 출반된 한인오·최홍매 명창의 쪽반 음반 〈1907년 아리랑타령〉이지만, 이 음반은 현재 실물이 발견되지 않고 있다. 따라서 지금까지 실물이 전해지는 최초의 '아리랑' 유성기 음반은 바로 이 〈1913년 경성란란

유튜브 〈정창관의 아리랑 1〉 채널 / A3 : '1913년 경성란란티령' / 연주 시간 : 2분 57분

타령〉이다.

'난란타령'은 '알알타령'이라고도 불리며, 이는 아리랑의 다른 명칭 중 하나이다. 일각에서는 조선총독부가 아리랑을 의도적으로 저급한 민요로 폄하하기 위해 '난란타령'이라는 이름을 붙였다는 주장도 제기되고 있다.

이 음원은 2013년 한국고음반연구회에서 출반한 음반 〈아리랑, 음반으로 꽃피우다〉(한국음반학 부록)의 10번 트랙에 수록되어 있다. 음원은 국악음반박물관 노재명 관장의 소장반으로 제공된 것이다.

• 가사

1 만경창파 저기 둥둥 뜬 배 어디 배냐 닻주어라 말 물어보자
아라리라구나 아르렁 아리얼쓔 아리얼러주마

2 갈까말까 망상거리다 내딛는 걸음에 혼저 나섰나

아르렁 아르렁 아라리로구나 아르렁 아리 얼쑤 아리얼르주마

3 자동차타고서 명월관 장춘관 갈까 마차를 타고서 국일관(?)

대장관(대장간) 갈까

아라리라구나 아르렁 아리얼쑤 어리얼어주마.

4 달은 밝구 역력헌데…

– 끌–[5]

김연옥 명창은 1900년 출생으로, 수원조합, 한성권번, 삼화권번 등에서 활동하였으며, 일본축음기상회(일축)에서 경·서도 소리를 녹음하였다. 조모란 명창과 함께 병창으로 '개성난봉가', '방아타령' 등을 취입하였고, 경성방송국에도 출연하여 다수의 민요를 방송하였다. 김연옥 명창의 목소리는 일축, 콜럼비아, 빅터 레이블을 통해 약 100여 면에 이르는 음반으로 전해진다.

조모란 명창은 광교기생조합과 한성권번 출신으로, 마찬가지로 일축

5 잘 못 끝난 것이 아니고 이렇게 끝남.

에서 경서도 소리를 녹음하였다. 그녀 또한 Nipponophone, Columbia, Victor 등의 레이블을 통해 약 100여 면의 음반을 남겼으며, 시조·가사·경서도 민요 및 신민요 등 다양한 장르에서 그 명성을 떨쳤다. 조모란 역시 경성방송에 출연한 이력이 있다.

일본축음기상회(일축)는 1911년부터 한국 음반을 본격적으로 발매하였다. 그해 Royal Record Nipponophone 레이블로 쪽반 103매를 출반하였으며, 이 레이블은 붉은 바탕에 독수리 문양이 인쇄되어 있어 '독수리표', 혹은 '매표'로 불리기도 한다. 레이블 명칭대로 '로열 레코드Royal Record'라고도 불린다.

1913년 봄, 일축은 한국 음반의 제2차 녹음을 진행하였다. 이때 10여 명의 연주자를 도쿄로 초빙하여 총 164면(82매)의 양면반을 녹음하였으며, 〈1913년 경성란란타령〉은 이 시기의 녹음물에 해당한다. 특히 이 2차 녹음에는 찬송가와 창가도 포함되었는데, 이는 외래음악으로는 최초로 녹음된 사례에 해당한다.

필자가 복원한 음반 라벨과 복제품 '1913년 경성란란타령' 유성기 음반 재생영상.

필자는 '주요 아리랑 음반 복제 사업'의 아홉 번째 과제로, 2021년 〈1913년 경성란란타령〉 유성기 음반

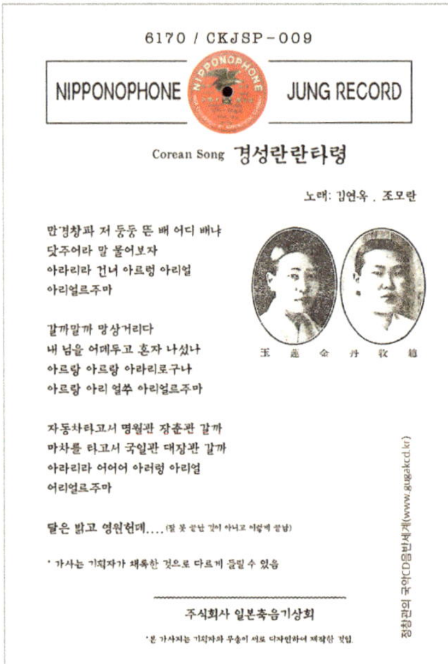
6170 / CKJSP-009

NIPPONOPHONE JUNG RECORD

Corean Song 경성란란타령

노래: 김연옥 . 조모란

만경창파 저 둥둥 뜬 배 어디 배냐
닻주어라 말 물어보자
아라리라 건너 아르렁 아리얼
아리얼르주마

갈까말까 망상거리다
내 님을 어데두고 혼자 나섰나
아르랑 아르랑 아라리로구나
아르랑 아리 얼쑤 아리얼르주마

자동차타고서 명월관 장춘관 갈까
마차를 타고서 국일관 대장관 갈까
아라리라 어어어 아러렁 아리얼
어리얼르주마

달은 밝고 영원헌데.... (잘 못 끝난 것이 아니고 이렇게 끝남)

* 가사는 기획자가 채록한 것으로 다르게 들릴 수 있음

玉 蓮 金 丹 牧 趙

주식회사 일본축음기상회

*본 가사지는 기획자와 무송이 서로 디자인하여 제작한 것임.

정창관의 국악CD음반세계(www.gugakcd.kr)

필자가 제작하여 복제품에 넣은 가사지.

의 복제품(음반번호:CKJSP-009)을 영국에서 제작하였다. 음원은 아리랑연합회 김연갑 이사장으로부터 제공받아 마스터링 후 영국에 전송하였으며, 총 20장의 복제품을 제작하여 국내 관련 기관 및 개인에게 배포하였다. 라벨과 가사지(옆 그림)는 국내에서 별도로 제작하여 음반을 완성하였다.

새롭게 디자인하여 제작한 가사지에는 김연옥·조모란 두 분 명창의 사진을 함께 실었다. 원래 1913년 당시 유성기 음반에는 가사지가 존재하지 않았으며, 가사지는 대체로 1925년경부터 음반과 함께 등장하기 시작하였다. 이번에 제작한 가사지는 그 시기의 형식과 양식을 참고하여 재현해 보았다.

〈1913년 경성란란타령〉은 1927년에 닛뽀노홍 레이블(K192-A) 경성잡가 〈아르렁타령〉으로 재출반되었다.

음악적 분석

'1913년 경성란란타령'은 현행 '긴아리랑'과 상당수 선율을 공유하고 있으나 그 속도는 지금에 비해 조금 더 빠른 편이다. 출현음을 솔·라·도·레·미로 정리하여 볼 때, 미를 격하게 흔들고, 그 뒤를 도와 솔이 잇고 있다는 점, 상행할 때 솔을 거쳐간다는 점, 라를 흘린다는 점, 미에서 레-도로 하행한다는 점 등으로 인해 특정 토리로의 분별이 쉽지 않다. 다만 다섯 음이 고루 사용되고 있고, 점차 하행하여 솔에 이른다는 점, 라에서 퇴성한다는 점, 수심가토리 특유의 아래로 음을 흔드는 기법이 느껴진다는 점 등을 고려하여 경서토리 기반의 음악으로 볼 수 있을 듯하다.

유성기 음반의 음악 속도가 오늘날에 비해 빠르게 느껴지는 이유는, 당시 3~4여분의 노래를 수록할 수 있는 유성기 음반의 제한된 공간에 더 많은 음악을 수록하기 위해 의도적으로 빠르게 녹음했을 가능성이 있다.

5

1916년 고려인아리랑 1·2·3

원통 음반,
독일 베를린민족학박물관 소장

19세기 중후반, 함경도 등을 중심으로 거주하던 조선 백성들은 대기근 등으로 삶이 어려워지자, 여러 이유로 두만강을 건너 러시아 연해주로 이주하게 된다. 이후 정착한 고려인들은 1914년 제1차 세계대전이 발발하자 국적 취득, 신분 상승, 사회적 지위 향상 등을 목적으로 러시아군에 입대하여 참전하였으며, 그 수는 약 4,000명에 이른다고 전해진다.

1914년, 제1차 세계대전의 최대 격전지 중 하나인 탄넨베르크(현 폴란드 북부) 전투에서, 러시아는 20만 대군을 동원하여 독일군과 전투를 벌였으나 참패를 당하고, 약 10만 명이 독일군의 포로가 되었다. 이 포로들 가운데는 고려인들도 포함되어 있었다.

당시 독일의 음악학자와 언어학자들은 전쟁 포로들을 대상으로 각국의 민속문화 자료를 수집하는 프로젝트를 진행하였다. 이들은 포로들로부터 민속음악, 구전 이야기, 수수께끼, 숫자놀음 등의 구술 자료를 녹음하였다.

이 프로젝트를 통해 고려인 포로 5명, 김 그리고리(김홍준), 안 스테판, 강홍식, 유 니콜라이, 유 니키포르의 음원이 남아 있으며, 이들과 함께 조수로 참여한 김세중(한인 최초의 독일 박사)의 녹음도 존재한다. 이 녹음은 1916년부터 1917년 사이 포로수용소에서 에디슨 원통 음반 및 유성기 음반으로 기록되었고, 김세중의 녹음은 1923년 베를린에서 이루어진 것으로 확인된다.

에디슨 원통 음반은 현재 베를린민족학박물관 포노그람아카이브 Phonogramm-Archiv에, 유성기 음반은 베를린 훔볼트대학교 라우트아카이브 Lautarchiv에 소장되어 있다.

2014년 국립국악원 출반 베를린에 남겨진 20세기 초 한인의 소리 〈그리움의 노래〉 CD

국립국악원은 2014년, 이 두 기관이 보관하고 있던 음원을 정식으로 입수하여 음반 2장을 출반하였다. 원통 음반에 수록된 14곡, 유성기 음반에 담긴 31곡 등 총 45곡을 수록하였으며, CD1에는 원음 그대로, CD2에는 복원 및 마스터링을 거쳐 최고 음질의 SACD로 제작하였다. 해설서를 포함한 이 음반은 비매품으로 출반되

독일 베를린민족학박물관에 소장된
11개의 원통 음반과 1916년
'고려인아리랑 1·2·3' 음원 감상

었으며, 귀중한 자료로써 학술적 가치가 매우 높다.

에디슨 원통 음반 11개에 수록된 14곡의 음원 중에는 총 3곡의 '아리랑'이 포함되어 있다. 이 가운데 두 곡은 김 그리고리(김홍준)가, 한 곡은 안 스테판이 부른 것이다. 해당 곡들의 정확한 녹음 시기는 명시되어 있지 않지만, 유성기 음반에 기록된 녹음 일자를 참조하면 다음과 같이 추정할 수 있다.

김 그리고리가 부른 '아리랑 1'과 '아리랑 2'는 1916년 11월 22일, 독일 작센주의 쾨닉스브뤽Königbrück 포로수용소에서 녹음된 것으로 보이며, 안 스테판의 '아리랑 3'은 1917년 3월 22일, 독일 뮌스터Münster 포로수용소에서 녹음된 것으로 확인된다.

당시에는 동일한 녹음을 원통 음반과 유성기 음반에 동시에 담을 수 있는 기술이 없었기 때문에, 두 매체용 녹음은 각각 별도로 이루어졌으며,

원통 음반과 유성기 음반은 독립적으로 제작되었다.

원통 음반에 수록된 3곡의 아리랑은 '1916년 고려인아리랑 1·2·3'으로 명명하였으며, 이어지는 장에서 설명할 유성기 음반에 수록된 3곡은 '1916년 고려인아리랑 4·5·6'으로 명명하였다. 비록 이들 중 한 곡씩, 즉 '고려인아리랑 3·6'은 1917년에 녹음된 것으로 추정되지만, 동일한 역사적 맥락에서 제작한 연속된 기록으로 보아 통칭하여 '1916년 고려인아리랑'이라는 명칭을 적용하였다.

• 가사

1. 고려인아리랑 1 | 노래 : 김 그리고리

아라랑 아라랑 아라리요 아리랑 띄여라 노다가자
가믄 가고 말믄 말지야 님은 잡구서…

아라랑 아라랑 아라리요 아리랑 띄여라 노다가자
아리랑타령 정 잘하면 팔십명 기생이 수청든다

아리랑 아리랑 아라리요 아리랑 띄여라 노다가자
아라랑 고개 집을 짓고 오는 님 가는 님 정들어주지

아리랑 아리랑 아라리요 아리랑 띄여라 노다가자

말은 가자고 내 몸을 친다 님은 잡구서 낙루를 한다
아리랑 아리랑 아라리요 ----요오

2. 고려인아리랑 2 | 노래 : 김 그리고리

아라랑 아라랑 아라리요 아리랑 띄여라 노다가자
아라랑 아라랑타령 정 잘하면 팔십명 기생이 수청든다

아리랑 아리랑 아라리요 아리랑 띄여라 노다가자
아라랑 고개에 집을 짓고 오는 님 가는 님 정들어주지

아리랑 아리랑 아라리요 아리랑 띄여라 노다가자
말은 가자고 내 몸을 친데 님은 잡구서 낙루만 한다

아리랑 아리랑 아라리요 아리랑 띄여라 노다가자
삐 — (혼소리)

3. 고려인아리랑 3 | 노래 : 안 스테판

아라랑 아라랑 아라리요 아라랑 철철철이 배 떠나간다
아라랑타령을 정 잘하면 팔십명 기생이 다거둔다

아라랑 아라랑 아라리요 아라랑 철철철이 배 떠나간다
저기 가는 저 처자는 나를 보구서 눈질을 한다
임자를 보고 눈질할까 제눈 별들어서는 눈감았더니

아라랑 아라랑 아라라리요 아라랑 철철철이 배 떠나간다
저기가는 저차자는 나를 보구서 손을 줸다
님들을 보고 손쥘까야 제길이 급하여 손을 쥐어

아라랑 아라랑 아라라리요 아라랑 철철철히 배 떠나간다
요내 배는 한강밴지 팔동에 한량이 다 타고난다
아라랑 아라랑
- 끝 -

김 그리고리Grigori Kim는 1889년 1월 28일, 러시아 연해주 니콜스크-우수르시크에서 출생하였다. 그는 러시아 학교에서 교육을 받았으며 동방정교회 신자였다. 부모는 함경북도 경흥군 출신이며, 입대 전에는 프리모리스키 지역에 거주하며 농업에 종사한 것으로 기록되어 있다. 김 그리고리는 1916년, 만 28세에 '아리랑 1'과 '아리랑 2'를 녹음하였다.

안 스테판Stefan An은 1877년 연해주 짜레찌예Tsarechye 출생으로, 러시아 공립학교를 졸업하고 그리스정교 신자였다. 부모 역시 함경북도 경흥군 출신이며, 입대 전에는 블라디보스토크에 거주하면서 상업에 종사하였다. 그의 이름은 1911년 작성된 러시아 제3시베리아 소총사단 병력 명단에도 나타난다. 그는 1917년, 만 40세에 '아리랑 3'을 녹음하였다.

이들 세 곡의 아리랑은, 비록 음질은 열악하지만, '1896년 유학생아리랑'에 이은 우리 민족의 두 번째의 원통 음반 아리랑 음원으로, 문화사적 가치가 크다. 김 그리고리가 부른 '아리랑 1'과 '아리랑 2'는 가사와 선율이 거의 동일하지만 별개의 녹음이다. 특히 '아리랑 1'에서는 첫 소절을 부른 뒤 오랜 정적 후에 다시 시작하는데, 이는 처음 녹음이 잘못되었기 때문으로 추정된다.

'아리랑 1'은 원통 음반번호 Königbrück 464, '아리랑 2'는 Königbrück 465로 '아리랑 3'은 Münster 591에 담겨져 있다.

1916년 당시, 에디슨 원통 음반은 이미 1902년에 표준화된 160 rpm 규

11개 중 아리랑이 수록된 3개 원통 음반의 위쪽 라벨.

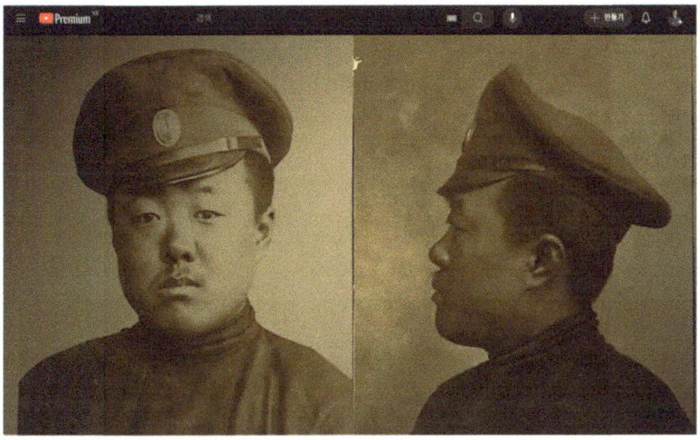

KBS파노라마 플러스
〈독일군 포로가 된 고려인들〉 영상

격으로 약 2분 정도의 녹음이 가능하였다. 일반적으로 민속자료 수집용 녹음에서는 더 많은 내용을 담기 위해 회전수를 낮추는 경우가 많았지만, 본 프로젝트에서의 독일 측 녹음은 오히려 분당 187~198 rpm의 고속으로 녹음함으로써 음질 향상을 도모한 것이 특징이다.

1916년 고려인 포로들이 녹음한 음원은 2014년 KBS에서 현지 촬영을 통해 방송된 〈KBS 파노라마 플러스〉 프로그램을 통해 소개된 바 있다. 이 프로그램에서는 제1차 세계대전에 참전한 고려인들의 아픈 역사와 삶의 단면을 조명하였다.

그러나 방송에 삽입된 원통 음반 재생 장면은 실제 음원이 아닌, 고려인 노래에 재생 영상을 사용한 연출이다. 실제로 고려인들이 남긴 아리랑 음원은 모두 2분용 에디슨 원통 음반(사파이어 바늘 사용)에 수록된 것인데, 방송 화면에서 재생기로 사용된 유성기는 Edison Amberola 30 모델로, 4분용

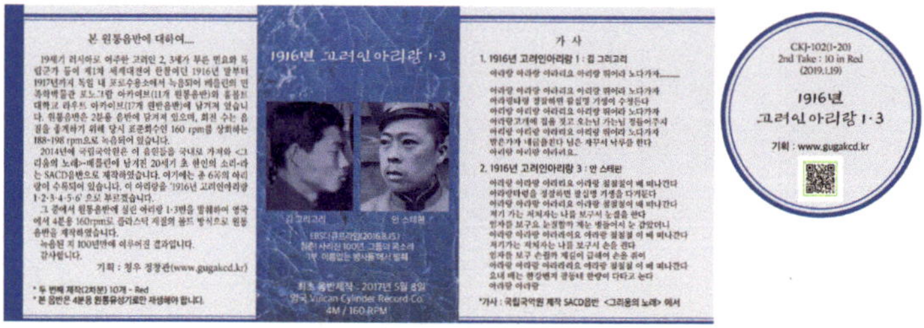

상 '고려인아리랑 1·3'을 담은 4분용 원통 음반 재생영상 감상(음반은 영국 제작)

하 '고려인아리랑 2'을 담은 2분용 원통 음반 재생영상 감상(음반은 영국 제작)

원통 음반(다이어몬드 바늘 사용) 전용 기기이다. 4분용 재생기는 2분용 원통 음반과 구조가 맞지 않아, 이를 재생할 경우 음이 반복되거나 원통 음반의 홈이 훼손된다.

'1916년 고려인아리랑 1·2·3' 원통 음반은 필자가 2016년부터 추진해온 '주요 아리랑 음반 복제사업'의 일환으로 복제하였다. 3 곡의 재생 시간이 4분을 초과하여, 2017년에는 '고려인아리랑 1·3'을 묶어, 160 rpm 4분용 원통 음반 한 장으로 먼저 복제 제작하였고, 이어 2020년에는 '고려인아리랑 2'를

160 rpm 2분용 원통 음반으로 별도 제작하였다. 복제 과정에서는 당시의 사진 자료를 발굴하여 활용하였고, 가사를 채록하여 원통 음반의 겉표지 디자인에도 반영하였다. 이로써 단순한 음원 복제에 그치지 않고, 역사적 맥락과 시각적 정보까지 복원한 전통문화 자료로서의 가치를 높였다.

음악적 분석

'1916년 고려인아리랑 1·2·3·4·5·6'은 오늘날 불리는 '구아리랑'의 선율을 바탕으로 하고 있다. 하지만 '1896년 유학생아리랑'의 사례와 마찬가지로 현행 '구아리랑'에 비해 속도감이 있으며, 후렴의 선율 역시 다소 차이가 있다. 특히 이 '고려인아리랑'이 이목을 끄는 부분은 여러 버전의 음악이 수록되어 있다는 점이다. 일례로 '고려인아리랑1'은 현행 '긴아리랑'처럼 도입부에서 하행하는 선율을 보여주고 있어 '구아리랑' 및 '유학생아리랑'과의 차이를 보여주고 있으며, '고려인아리랑 6'에서는 음역을 올렸을 뿐 아니라

필자가 영국에서 제작한 '1916년 고려인아리랑' 원통 음반 2종.

상승하는 음 진행을 통해 이전의 아리랑과는 다른 선율을 선보이고 있다. 6곡 모두 악곡 내에서 솔·라·도·레·미의 다섯 음이 고루 쓰이고 있으며, 솔로 하행하여 종지하고 있고, 솔을 흔들고 있어 경토리라 할 수 있다.

• 추가 설명

이 세 곡의 아리랑은 일반적으로 '포로들의 아리랑'으로도 불리지만, 필자는 보다 정체성과 역사성을 강조하여 '고려인아리랑'으로 명명하였다.

원통 음반과 유성기 음반은 모두 같은 시기(1916~1917)에 녹음되었으나, 어느 매체가 먼저 제작되었는지는 확인되지 않았다. 다만, 에디슨 원통 음반 기술이 유성기 음반보다 먼저 등장한 점을 고려하여, 필자는 원통 음반 수록 아리랑을 '1·2·3', 유성기 음반 수록 아리랑을 '4·5·6'으로 구분하여 명명하였다.

국립국악원은 2014년 이 아리랑 음원이 수록된 CD 음반을 출반하였고, 같은 해 12월 13일에는 주한독일문화원 강단에서 음원 제공에 협조한 독일 관계자들을 초청해 세미나를 개최하였다. 이 자리에서 필자는 '왁스 실린더 청취'라는 제목으로 직접 원통 음반을 재생하였으며, 질의응답 시간에는 독일 베를린민족학박물관 관계자에게 다음과 같은 건의를 하였다.

"귀국에는 수많은 귀중한 원통 음반이 존재하지만, 우리 민족은 단 하나의 원통 음반도 보유하지 못하고 있다. 한독 우호관계를 고려하여 아리

1916년 '고려인의 노래' 원통 음반 11개 복제품(베를린민족학박물관 제작, 현재 밀양관광문화재단 소장)

랑 원통 음반만이라도 우리에게 기증하거나 최소한 영구임대해줄 수 없겠는가?"

이에 대해 독일 측은 "해당 원통 음반들은 인류문화유산으로 지정되어 있어 기증은 불가능하며, 대신 복사본을 제작하여 제공하겠다."고 답하였다. 이후 독일 측은 복사본 2세트를 제작해 한국에 보내왔다. 그 중 1세트는 국립국악원에, 나머지 1세트는 필자에게 전달되었으며, 현재는 밀양문화관광재단이 소장하고 있다.

총 11개의 원통 음반 중 1개(No. 465)는 독일에서 금속 마스터가 분실되어 복제가 불가능했으나, 필자가 미국에서 별도로 복제 제작하여 이를 보완하였다(왼쪽 검정색 원통 음반). 이로써 총 11개의 원통 음반이 완성되어 2세트가 국내에 소장되어 있다.

필자는 현재 미국에 의뢰하여 제작한 11개의 원통음반 복제품을 소장하고 있으며, 필자가 직접 제작한 1세트도 소장하고 있다.

6 1916년 고려인아리랑 4·5·6

유성기 음반,
독일 홈볼트대학 라우트 아카이브 소장

유성기 음반으로 남아 있는 '고려인아리랑 4'와 '고려인아리랑 5'는 1916년 11월 22일, 독일 작센주의 쾨닉스브뤽Königbrück 포로수용소에서 김 그리고리가 녹음한 것으로 기록되어 있다. 이어 '고려인아리랑 6'은 1917년 3월 22일, 독일 노르트라인베스트팔렌주의 뮌스터Münster 포로수용소에서 안 스테판이 녹음하였다. 이들 세 곡은 앞서 소개한 원통 음반 수록 아리랑과 동일한 소리꾼에 의해 불렸으며, 선율과 가사 역시 유사하다.

'고려인아리랑 4'와 '5'는 유성기 음반 한 장의 양면에 수록되었으며, 음반번호는 각각 PK 555-1과 PK 555-2이다. '고려인아리랑 6'은 별도의 유성기 음반인 PK 749에 수록되어 있다.

국립국악원 출반 CD 해설서에 수록된 '아리랑 4' 악보 일부와 '아리랑 4·5·6' 음원 감상.

이 아리랑 음원은 앞서의 원통 음반 수록 아리랑들과 함께, 2014년 국립국악원이 출반한 CD 음반 베를린에 남겨진 20세기 초 한인의 소리 〈그리움의 노래〉 CD의 15, 16, 27번 트랙에 수록되어 있다.

• 가사

1. 고려인아리랑 4 | 노래 : 김 그리고리

아라랑 아라랑 아라리요 아리랑 띄여라 노다가자

아라랑타령 정 잘하면 팔십명 기생이 수청든다

아리랑 아리랑 아라리요 아리랑 띄여라 노다가자
아라랑 고개 집을 짓고 오는 님 가는 님 정들어주지

아리랑 아리랑 아라리요 아리랑 띄여라 노다가자
말은 가자 내 몸을 친데 님은 잡구서 낙루를 한다

2. 고려인아리랑 5 | 노래 : 김 그리고리

아라랑 아라랑 아라리요 아리랑 띄여라 노다가자
저기가는 저처자는 날만 보고서 손짓을 한다
불을 보고 손질할까 매질이 급하여 활개를 치네
아리랑 아리랑 아라리요 아리랑 띄여라 노다가세
삐 — (혼소리)

3. 고려인아리랑 6 | 노래 : 안 스테판

아라랑 아라랑 아라리요 아라랑 철철철이 배 떠나간다
아라랑타령을 정 잘하면 팔십명 기생이 팔거든다

아라랑 아라랑 아라리요 아라랑 철철철이 배 떠나간다
저기가는 저처자는 나를 보구서 눈질을 한다
임자를 보구요 눈질할까 어물쩡 들어서 눈 감았드니

아라랑 아라랑 아라라리요 아라랑 철철철이 배 떠나간다
저기가는 저처자는 나를 보구서 손을 친다
임자를 보구 손칠까아 체질이 급하여 손을 치어

아라랑 아라랑 아라라리요 아라랑 철철철이 배 떠나간다
요내 배는 한강밴지 팔동의 한량이 다 타고 논다

아라랑 아라랑 아라라리요 아라랑 철철철이 배 떠나간다
요내 입은 꿀단진지 팔동의 한량이 다 빨아 낸다

아라랑 아라랑 아라라리요 아라랑 철철철이 배 떠나간다
요내 손목은 산나물 고사리 팔동의 한량이 다 지어놓는다

아라랑 아라랑 아라라리요 아라랑 철철철이 배 떠나간다
가오 가오 나는 가오 너를 바리고 나는 가오

아라랑 아라랑 아라라리요 아라랑 철철철이 배 떠나간다
삐 — (혼소리)
– 끝–

좌 복제시 원본 라벨을 사용한 '아리랑 4·5'와 그 재생 영상.
우 복제시 원본 라벨을 참조하여 디자인한 '아리랑 6'과 그 재생 영상.

재생 말미에 들리는 "삐익—" 하는 혼소리는 440Hz의 콘서트 피치로, 원통 음반이나 유성기 음반 재생 시 정확한 회전 속도rpm를 맞추기 위한 기준음이다. 이는 음원의 재생음을 원래의 음높이로 복원하기 위한 기술적 장치로 사용된다.

'1916년 고려인아리랑 4·5·6'이 수록된 유성기 음반 2장은, 2020년 필자의 '주요 아리랑음반 복제사업' 프로젝트의 일환으로 복제 제작하였다. 이 과정에서는 실제 유성기 음반의 원본 라벨 디자인을 참조하여 외형과 내용을 충실히 재현하였다.

복제 과정에서 가사지는 일제강점기에 출반된 유성기 음반의 가사지를 모방하여 제작하였다. 여기에 필자의 음반번호인 CKJSP-001과

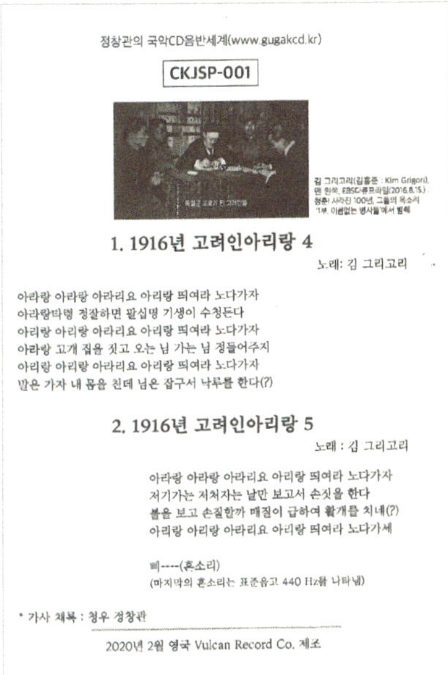

정창관의 국악CD음반세계(www.gugakcd.kr)

CKJSP-001

김 그리고리(김홍준 : Kim Grigori), 앤 한씩, EBS다큐프라임(2016.8.15.) 청춘! 사라진 100년, 그들의 목소리 '1부. 이름없는 병사들'에서 발췌

1. 1916년 고려인아리랑 4

노래: 김 그리고리

아라랑 아라랑 아라리요 아리랑 띄여라 노다가자
아라랑타령 정잘하면 팔십명 기생이 수청든다
아리랑 아리랑 아라리요 아리랑 띄여라 노다가자
아라랑 고개 집을 짓고 오는 님 가는 님 정들어주지
아리랑 아리랑 아라리요 아리랑 띄여라 노다가자
맘은 가자 내 몸을 친데 님은 잡구서 낙루를 한다(?)

2. 1916년 고려인아리랑 5

노래 : 김 그리고리

아라랑 아라랑 아라리요 아리랑 띄여라 노다가자
저기가는 저처자는 날만 보고서 손짓을 한다
볼을 보고 손질할까 매질이 급하여 활개를 치네(?)
아리랑 아리랑 아라리요 아리랑 띄여라 노다가세

삐----(혼소리)
(마지막의 혼소리는 표준음고 440 Hz를 나타냄)

* 가사 채록 : 청우 정창관

2020년 2월 영국 Vulcan Record Co. 제조

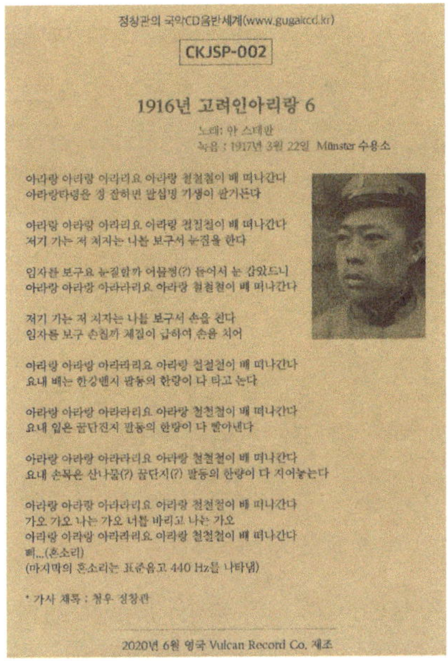

정창관의 국악CD음반세계(www.gugakcd.kr)

CKJSP-002

1916년 고려인아리랑 6

노래: 안 스테판
녹음 : 1917년 3월 22일 Münster 수용소

아라랑 아라랑 아라리요 아라랑 철철철이 배 떠나간다
아라랑타령을 정 잘하면 팔십명 기생이 팔기든다

아라랑 아라랑 아라리요 아라랑 철철철이 배 떠나간다
저기 가는 저 처자는 나를 보구서 눈질을 한다

임자를 보구요 눈질할까 어뭄쩡(?) 들어서 눈 감았드니
아라랑 아라랑 아라라리요 아라랑 철철철이 배 떠나간다

저기 가는 저 처자는 나를 보구서 손을 친다
임자를 보구 손칠까 제길이 급하여 손을 치어

아라랑 아라랑 아라라리요 아라랑 철철철이 배 떠나간나
요내 배는 한강밴지 팔동의 한량이 다 타고 논다

아라랑 아라랑 아라라리요 아라랑 철철철이 배 떠나간다
요내 입은 꿀단진지 팔동의 한량이 다 빨아낸다

아라랑 아라랑 아라라리요 아라랑 철철철이 배 떠나간다
요내 손목은 산나꿀(?) 꿀단지(?) 팔동의 한량이 다 지어놓는다

아라랑 아라랑 아라라리요 아라랑 철철철이 배 떠나간다
가오 가오 나는 가오 너를 바리고 나는 가오
아라랑 아라랑 아라라리요 아라랑 철철철이 배 떠나간다
삐...(혼소리)
(마지막의 혼소리는 표준음고 440 Hz를 나타냄)

* 가사 채록 : 청우 정창관

2020년 6월 영국 Vulcan Record Co. 제조

복제품 음반에 동봉한 가사지 2종.

CKJSP-002를 각각 부여하여, 복제 음반의 고유성을 부여하였다.

2020년, 유성기 음반 복제품을 처음 제작할 당시, 영국의 Vulcan Records는 10인치 유성기 음반 제작 경험이 없었다. 당시 이 업체는 주로 7인치 유성기 음반만을 제작·판매하고 있었으며, 필자의 지속적인 설득과 최소 주문 수량 20장 보장이라는 조건을 제시한 끝에 10인치 음반 제작을 시도하게 되었다.

영국의 Vulcan Records는 한 면에만 소리를 담을 수 있는 쪽반(단면 유성기 음반)만 수작업으로 제작할 수 있는 업체이다. 이들은 산업용 대량 생산이 아닌 전통 방식에 따른 소규모 복각 제작을 전문으로 하며, 양면 음반 제작은 기술적으로 불가능하다.

복제 대상은 '고려인아리랑 4'와 '고려인아리랑 5'였으며, 두 곡의 음원을 각각 별개의 파일로 제공하였다. 제작자는 이를 하나의 트랙으로 연결하여 음반에 수록해야 했지만, 유성기 음반의 제작 경험 부족으로 인해 두 트랙을 별도로 처리해버렸다. 그 결과, 실제 음반 재생 시 첫 곡이 끝난 후 자동으로 두 번째 곡으로 이어지지 않고, 유성기 사운드박스를 안쪽으로 약간 수동 이동시켜야만 두 번째 곡을 감상할 수 있는 구조가 되었다. 이 복제품은 10인치 유성기 음반 제작의 가능성을 처음으로 입증한 사례이며, 이후 아리랑 음반 복제사업을 계속하는 계기가 되어 '고려인아리랑 6'도 제작하였다.

음악적 분석

이전 '1916년 고려인아리랑 1·2·3(원통 음반)'의 음악적 분석 참조바란다.

7 1923년 난란타령 1·2

노래 : 유운선·이유색
(1923년 닙보노홍 K-137 A.B)

'1923년 난란타령' 닙보노홍 K-137 A 라벨과 음원.

'1923년 난란타령 1·2'는 1923년 일축 출반으로 유운선, 이유색 명창이 부른다. 음반에는 부제목으로 난란타령, K137-A는 '아릉령고개뎡거댱짓고', K137-B는 '만경쳥파거기둥둥뜬배야'가 적혀 있다. 노래는 현재 전승되고 있는 '긴아리랑'이다.

• 가사

A 면

1. 아리랑고개 정거장 짓고
   증기차 나오기만 고대고대한다
   아리랑 아리랑 아라리로구나
   아리렁 아리얼쑤 어리얼러주마

2. 증기차 나오기만 어제나 (이제)나
   너 어디 타고 어이 고대고대하지(좋다)
   아리랑 아리랑 아라리로구나
   아리렁 아리얼쑤 어리얼러주마

3. 간다 간다 나는 간다
   님을 따라서 나는 돌아간다
   아리랑
   – 끝 –

B 면

유운선 아리랑타령 잘 한다.

1. 만경창파 거기 둥둥 뜬 배야 저기 좀 닫주어라 말 물어보자

아리랑 아리랑 아라리로구나 아리렁 아리얼쓔 어리얼르주마

2. 증기차 가자고 고등을 트는데 정든 님 잡고서 이고재고 돈다
   아리랑 아리랑 아라리로구나 아리렁 아리얼쓔 어리얼르주나

3. 용안龍眼여지(조) 당대초唐大楚는 정든 님 공경으로 다 나간다
   좋다
   – 끝 –

A면과 B면의 끝부분이 다소 부자연스럽게 느껴지는 이유는, 녹음 시간이 제한된 유성기 음반의 물리적 한계로 인해 일부가 잘려나갔기 때문으로 추정된다. 그리고 B면 초입에서는 이유색 명창이 "유운선 아리랑타령 잘 한다."라는 추임새를 넣고 있어, 당시의 녹음 현장의 생생한 분위기를 전해준다.

유운선 명창은 1900년 서울 출생으로, 16세에 예기藝妓 활동을 시작하였으며 한성권번에서 활약하였다. 『조선미인보감』에는 "우조잡가에 능하고 서관소리를 잘하며, 키는 호리하고 노래는 청청하며 성질이 좀 강하다."고 기록되어 있다. 그는 1923년 일축의 제3차 한국음악 녹음에서 이유색, 박채선 명창 등과 함께 경서도민요, 시조 등을 녹음하였으며, 이 녹음에서 총 44면을 담당하였다.

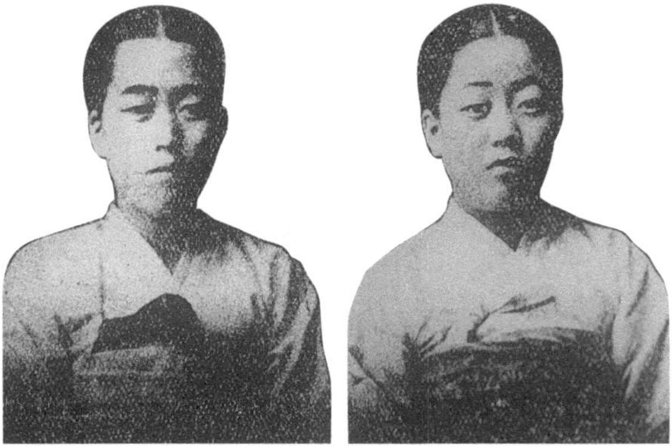

유운선 명창과 이유색 명창
(『조선미인보감』 수록 사진)

이유색 명창은 1896년 서울에서 태어나, 한성권번에서 유운선 명창과 함께 활동하였다. 가歌, 가곡, 평양잡가, 승무 등에 능하였으며, 일축의 제3차 녹음에서 경서도민요, 시조 등을 유운선, 박채선 명창과 함께 44면을 녹음한 바 있다.

1920년대 들어 일본축음기상회(일축)는 기존의 영문 상표명 'Nipponophone' 대신 '닙보노홍'이라는 한글 상표명을 사용하기 시작하였다. 1923년 5월부터는 나팔통식 녹음 방식을 적용하여 K-101번부터 K-170번까지 총 70종(140면)의 음반을 출반하였으며, 이는 일축의 제3차 한국음악 녹음으로 분류된다. 이 녹음은 일축 본사가 있는 동경에서 이루어진 것으로 보이며, 권번 출신의 경·서도 명창들과 남도 지역 신인 명창들이 참여하였다. 나팔통식 녹음은 음질이 선명하지 못하다는 단점이 있으며, 라벨에는 남대문 성

실제 라벨을 수정하여 복제품에 사용한 라벨과 복제품 '1923년 난란타령' K-137 A면 유성기 음반 재생 영상.

곽과 태극 문양이 그려져 있어 '태극표' 또는 '남대문표'로도 불린다. 해당 시기의 라벨은 여러 변형이 존재하고 있다.

'1923년 난란타령 1·2'와 다음 장에 설명할 '1923년 난란타령 3·4·5·6'은 1923년 나팔통식 녹음에 포함된 음반이다.

'1923년 난란타령 1·2'는 필자의 '주요 아리랑음반 복제사업'의 제14번째 과제로서, 2023년 12월 영국에서 복제 제작하여 국내로 들어온 것이다. '1923년 난란타령 1'만 쪽반으로 제작하였으며, 복제 시 사용한 라벨과 음원은 이경호 선생이 제공해 주었다. 이 귀한 음원은 2018년 4월 10일, 필자의 주선으로 국악FM방송에 MP3파일 1,109점 중 하나로 기증되었다.

음악적 분석

'1923년 난란타령 1·2'는 한 음을 길게 뻗는 정도나 장식음의 확대 등 '1913년 경성란란타령'에 비해 현행 '긴아리랑'과 보다 유사한 모습을 보여주고 있다. 그러나 떠는 음이 주로 라에서 관찰된다는 점, 레와 미가 긴밀하게 연결되어 있다는 점, 도에서 흘린다는 점, 전반적으로 음을 눅여서 사용하며 음을 흔들 때 아래로 떨고 있다는 점 등에서 서도지방의 수심가토리 색채가 진한 편이며 특히 '난란타령 1'에서 더 두드러진다. 그러나 솔의 비중이 아예 적지는 않고, '솔라솔도-'와 같은 진행도 보이기 때문에 경토리[6] 특색도 지니고는 있다.

6 서울 경기지역에 전승되는 민속음악에 나타나는 음악적 특징을 일컬음.

8 1923년 난란타령 3·4·5·6

노래 : 이유색·유운선·박채선
(1923년 닙보노홍 K-158 A.B & K-159 A.B)

'1923년 난란타령 3·4·5·6' 은 앞 장의 '1923년 난란타령 1·2'와 마찬가지로 1923년 일축의 한국음악 3차 녹음으로 같은 시기에 이루어진 2장의 유성기 음반이다. 이 음반에는 이유색, 유운선 명창에 더해 박채선 명창이 참여하였다.

음반에는 부제목으로 '난란타령', K158-A는 '아쥬가루동백아여지마라', K158-B에는 '네가잘나일색이냐', K159-A에는 '우리부모가날길너서', K159-B에는 '아서라마러라사람에괄세를'라는 제목으로 담겨져 있다. 당시로서는 드물게 아리랑 한 곡이 4면에 걸쳐 수록된 점은, 해당 곡의 인기와 상업적 잠재력을 출반사가 높게 평가했음을 보여준다.

이 '난란타령'은 현재 우리가 알고 있는 '해주아리랑'에 해당하는 선율 구조를 지닌 곡이다. 1927년 출간된 『일축조선반총목록』에는 '강원도아리랑'으로 표기되어 있으며, 1936년 Columbia 40707로 출반한 민요만담 '아리랑레뷰'(유튜브 〈정창관의 아리랑 1〉 채널 C84 참조)에는 여러 아리랑을 설명하면서 '강원도아리랑'으로 이 아리랑을 부른다. 또한 1936년 Polydor 19037로 출반한 곽산월, 곽명원 명창이 부르는 속요 '강원도아리랑'(유튜브 〈정창관의 아리랑 1〉 채널 C34)도 우리가 말하는 '해주아리랑'이다.

흥미롭게도 해주 출신의 한 소리꾼은 "해주아리랑을 해주에서 들어본 적이 없다."는 증언을 남긴적이 있으며 일제강점기 시기부터 광복 이후까지의 유성기 음반을 통틀어 '해주아리랑'이라는 이름의 음반은 존재하지 않는다.

'해주아리랑'이란 명칭은 1968년 성음사에서 출반한 LP 음반 『한국민속악전 - 민요삼천리』 전집에서 처음으로 등장한다. 이 음반의 해설에서는 다음과 같이 기술되어 있다. "해주아리랑은 황해도 해주에서 불리우는 아리랑의 한 가지로 별로 지방색이 선명하지 못하고 본조인 서울아리랑에 많이 가깝웁다." 필자가 북한 자료를 모두 살펴본 것은 아니지만 1968년 이전의 북한 음반자료에서 '해주아리랑'이라는 곡명은 없었다.

그 동안 음반으로 나타나지 않은 아리랑이 1968년에 왜 '해주아리랑'으로 수록한 이유는 명확히 알 수 없으나, 여러 정확을 종합해보면 '해주아리랑'은 '강원도아리랑'에서 파생된 것으로 필자는 확신하고 있다.

'1923년 난란타령 3·4·5·6'의 닙보노홍 K-158 A 라벨과 4면 음원.

나아가 2000년대에 이르러 북한에서도 '해주아리랑'이 공식 음반이나 공연에서 등장하는 현상이 포착되었는데, 이는 남북 간의 공식 교류가 거의 없던 상황에서도 음악적으로는 상호 영향이 있었음을 보여주는 간접적인 증거로 보인다. 이는 향후 심층적인 음악사적, 민속학적 연구가 필요한 분야이다.

• 가사

난란타령 '아쥬가루동백아여지마라' | K-158-A

1. 아주까리 동백아 여지 마라 산촌의 큰애기들 다 놀아난다
   아령 아령 아라리요 아리령 얼씨구 냉겨 냉겨 주오

2. 간다 간다 나는 간다 허남선 거리고 나는 돌아 간다
   아령 아령 아라리요 아리령 얼씨구 어디 건너 주오

3. 연발 전지 잘랭은 신작로 들고 딸자리 잘뜬건 침맞지로 간다
   아령 아령 아라리요 얼마나 좋을진데 애국놀이 갑시다

4. 노자 노자 젊어 놀아 나많아 지면은 나는 못 놀겠다
   아렁 아렁 아라리요 아리렁 얼씨구 냉겨 냉겨 주게

5. 지어직뉴(?) 부자되어 아니나 놀구서 어느 때나 노나
   아렁 아렁 아라리요 아리렁 얼시구 어디 건너 주게

6. 연발줄 끊어진 것 다 도루 챙겨 정든님 끊어지믄 시초땡이나 갑시다
   아렁 아렁 아라리요 얼마나 좋으면은 저지랄발광일까

7. 돌배나 요단강 섬마치 사서 성서도 오신건 큰애기정도 이라지
   아렁 아렁 아라리요 아리렁 얼시구 냉겨냉겨 주라… 좋다. 잘한다!

난란타령 '네가잘나일섹이냐' | K-158-B

1. 니가 잘나 일색이냐 내 눈이 어두워 네게 미쳤구나
   아렁 아렁 아라리요 아리렁 얼시구 냉겨냉겨 주게

2. 너는 뉘냐 나는 뉘냐 상산서 명패도 조자룡이라
   아렁 아렁 아라리요 아리렁 얼시구 냉겨냉겨 주오

3. 산도 설고 물도 선데 나 누굴 바라고 선경 편지한다

아렁 아렁 아라리요 얼마나 좋으면은 어리 발광이냐

4. 운평 도리 다버련데 원망에 성화도 님에 생각이라
아렁 아렁 아라리요 아리렁 얼시구 어디 날라 주게

5. 얼베설베 편지를 쓰니 상심에 자식놈 복수심이로다
아렁 아렁 아라리요 아리렁 얼시구 냉겨냉겨 주오

6. 죽어도 염라시에 술병으 행세도 감동이 생각이라
아렁 아렁 아라리요 얼마나 좋으면은 저지랄 발광일까

7. 물동이 이고 저진꼴보니 손짧고 혀두고 못 놓거라
아렁 아렁 아라리요 아리렁 얼시구 냉겨냉겨 주게… 좋다!

난란타령 '우리부모가날길너셔' | K-159-A

1. 우리 부모가 날 길러서 이판국을 보랴고 나를 길러 냈나
아렁 아렁 아라리요 아리렁 얼씨구 어디 건너 주게

2. 물 길러 간다고 강짜를 말고 부뚜막 밑에다 지성을 빌어라
아렁 아렁 아라리요 아리렁 얼씨구 어디 건너 주게

3. 이마털 뽑는다 두가지를 말고 대머리 이년을 데리고 살려구나
아렁 아렁 아라리요 아리렁 얼씨구 냉겨냉겨 주게

4. ○○ 받고 나만 못 허겠네 이 방을 걸어서 나는 못 허겠소
아렁 아렁 아라리요 아리렁 얼씨구 어디 건너 주게

5. 강가를 걷자니 다 ○○ 있나 돈 쓰다 끊어지면 그제 건너리라
아렁 아렁 아라리요 얼마나 좋을진데 저 지랄이냐

6. 달도 밝소 달도 밝다 이내 집 영창에 달 너무 밝다
아렁 아렁 아라리요 아리렁 얼씨구 어디 건너 주게

7. 오동추야 긴긴밤에 정든님 그리워 나는 못 살갔다
아렁 아렁 아라리요 아리렁 얼씨구 어디 건너 주게… 좋다!

난란타령 '아서라마러라사람에괄세를' | K-159-B

1. 아서라 마라 니가 그리마라 사람의 괄세를 네가 그리 마라
아렁 아렁 아라리요 아리렁 얼씨구 냉겨냉겨 주게

2. 세상천지 약도 많건만 우리 님 살릴 약은 왜 이리 없나… 슬프다!

아렁 아렁 아라리요 아리렁 얼씨구 어디 건너 주게

3. 전생 세상 무삼 죄로 우리나 조물이 왜 생겨났나
아렁 아렁 아라리요 아리렁 얼씨구 냉겨냉겨 주게

4. 세상천지에 남자도 많건만 우리 님 같은 사람을 다연이네
아렁 아렁 아라리요 아리렁 얼씨구 어디 건너 주게

5. 우리 부몬 누구길래 사람의 간장을 다 녹여내나
아렁 아렁 아라리요 아리렁 얼씨구 냉겨냉겨 주게

6. 날 잡어 가오 날 잡어 가오 심중은 선녀이랑은 날 잡어 가게
아렁 아렁 아라리요 아리렁 얼씨구 나는 못 살겄소

7. 우연히 든 정이 골수에 들어 잊을 망자가 병들 병자로다
아렁 아렁 아라리요 아리렁 얼씨구 냉겨냉겨 주게 … 좋다 잘한다!
– 끝–[7]

7 가사는 여러사람의 도움으로 채록하였으나 완전하지 못함.

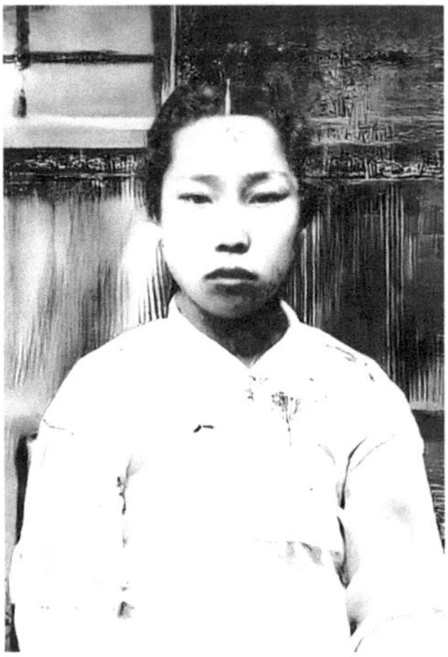

박채선 명창, 조선미인보감 수록 사진.

유운선, 이유색 명창은 앞 장(1-7장)에 이미 언급한 바 있다. 박채선 명창은 1903년 서울 공평동 출생하였으며 대정권번(서울)에서 활동하였다. 시조와 서도잡가에 능했던 그는 1923년 일축의 제3차 한국음악 녹음 시기에 만 21세의 나이로 '난란타령'을 녹음한 셈이다. 1923년 일축의 3차 한국음악 녹음의 70종 140면에서 경서도민요 등을 유운선, 이유색 명창 등과 함께 44면을 녹음하였다.

이 세 명창 모두 권번 출신으로, 광대나 잡가패와 같은 전문 예능인들에 비해 기량이 다소 미흡했다는 평가도 존재한다. 이는 당시 권번 중심의 예인들이 녹음 현장에 대거 참여하게 되면서 나타난 전반적 경향이기도 하다.

이 음반의 출반 레이블은 앞 장에서 설명한 바 있는 '닙보노홍'이며, 일제강점기 유성기 음반 중 보기 드물게 한글 상표명을 사용한 사례다.

'1923년 난란타령 3·4·5·6'는 필자의 '주요 아리랑 음반 복제사업' 프로젝트의 그 12번째 프로젝트로 2023년 5월에 영국에서 제작해서 국내로 가져왔다. 4면 중 첫면인 K-158 A면을 쪽반(CKJSP-012)으로 제작하였다. 복제반에 사용된 라벨과 음원은 이경호 선생이 제공해 주었으며 이 음원 역시 2018년 4월 10일 필자의 주선으로 국악방송에 기증(MP3파일 1,109점)되었다.

실제 라벨을 수정하여 복제품에 사용한 라벨과 복제품 '1923년 난란타령' K-158 A면 유성기 음반 재생 영상.

음악적 분석

'1923년 난란타령'은 대체로 현행 '해주아리랑'의 선율과 유사하다. 선법 역시 라·도·레·미·솔로 구성되어 있는 반수심가토리로 볼 수 있다. 대개 반수심가토리 악곡에서는 레가 쓰이지 않는 경우가 많으나 이 곡에서는 모든 음이 고루 쓰이는 편이다.

그 중에서도 주요하게 쓰이는 음은 라와 미이며, 특히 미를 길게 뻗거나 떨고 있는 점이 특징적이다. 솔은 미로 하행 시에 음을 흘리고 있고, 도와 레는 라와 미의 앞뒤에 장식음처럼 붙어 4도 관계의 주요한 음인 라와 미 사이에서 경과음으로 쓰이고 있다.

9 1926년 미량아라니량 (남도잡가)

노래 : 김금화 / 장고 : 박춘재
(일축죠션소리반 K588-B)

1926년 9월 26일 자 『매일신보』에 실린 광고를 통해 처음으로 확인되는 일축죠션소리반(K588-B) 남도잡가 '미량아라니량' 유성기 음반이다. '미량아라니량'은 '밀양아리랑'의 밀양사투리로 보면 될 것 같다. 김금화 명창이 노래하고 박춘재 명창이 장고 반주한다. 나운규의 1926년 10월 1일 영화 〈아리랑〉 보다 먼저 나타난, 유성기 음반에 담긴 최초의 '밀양아리랑'으로 아리랑 음반사에 있어 주요한 이정표가 되는 음반이다. 이 음반의 당시 광고에서는 남도잡가 '밀양아리랑타령'(卵卵타령), 잡가 '밀양아리랑타령'이라는 이름으로도 소개되고 있다.

유튜브 〈정창관의 아리랑 1〉 채널 /
A7 : 대구의 김금화 명창이 부르는
'1926년 밀양아리랑' /
연주 시간 : 2분 41초

• 가사

아리아리랑 아리아리랑(어리어리랑) 아라리가 났네
아 아리랑 얼씨구 날 넘겨 줄까

1. 문경은 새재는 왠 고개던가
   구부야 구부구부 눈물이 난다
   아리아리랑 아리아리랑 아라리가 났네
   아 아리랑 얼씨구 날 넘겨 줄까

2. 정든 님 오시는데 인사를 못해
   행주치마 입에 물고 입만 방긋
   아리아리랑 아리아리랑 아라리가 났네

아 아리랑 얼씨구 날 넘겨 줄까

3. 니가 잘나 내가 잘나 그 누가 잘나
구리백통 지전이라 니 잘났네
아리아리랑 아리아리랑 아라리가 났네
아 아리랑 얼씨구 날 넘겨 줄까

4. 저 건너 저 산은 지중산이드냐
오 동지 섣달에 꽃놀이 든다
아리아리랑 아리아리랑 아라리가 났네
아 아리랑 얼씨구 날 넘겨 줄까

5. 아나 장돌기 힘 좋다더냐
올거나 벌면서 몸 풀어보자
아리아리랑 아리아리랑 아라리가 났네
아 아리랑 얼씨구 날 넘겨 줄까
- 끝 -

1926년 유성기 음반 〈미량아라니량〉의 가사에는, 현재 널리 불리는 '밀양아리랑'의 대표적인 후렴구인 "스리 스리랑"이나, 가장 잘 알려진 가사인 “날 좀 보소, 날 좀 보소”가 등장하지 않는다. 이는 최초의 밀양아리랑의 가창 형태가 오늘날과 차이가 있음을 보여준다. 이 두 요소, 즉 “스리 스리랑” 후렴과 “날 좀 보소” 가사는 4년 4개월 뒤인 1931년, 석산월 명창이 가야금 병창으로 부른 〈아리아리랑〉 음반(Tombo 50015-B)에서 처음으로 음반에 수록되어 등장한다. 이 음반은 밀양아리랑의 두 번째 유성기 음반으로, 이후 대중적 밀양아리랑의 정형화에 결정적인 영향을 끼친 자료로 평가된다.

음반 라벨에 대구 김금화라고 한 것은 김금화 명창이 대구 출신이고 대구에서 활동하였기 때문이다. 또 ‘남도잡가’라는 장르 명칭이 붙은 것은, 그 시기의 ‘남도’라는 용어가 오늘날과 달리 한반도 남쪽 전역, 즉 영남과 호남을 포괄적으로 지칭하는 개념으로 사용되었기 때문이다. 따라서 대구 출신 명창의 노래임에도 ‘남도잡가’로 분류된 것은 자연스러운 해석이라 할 수 있다.

김금화 명창(한겨레음악대사전사전)

김금화 명창은 달성권번에서 활동하였다. 그는 장계춘 선생에게 사사하였으며, 잡가와 시조에 능한 예인이었다. 일본축음기상회(일축)에서 한 차례의 녹음을 통해 약 10여 면의 음반을 남겼으며, 이들 가운데는 판소리와 남도잡가뿐 아니라 외국가요를 부른 녹음도 포함되어 있

박춘재 명창.

다. 이는 김금화 명창이 단순한 전통예인에 머물지 않고, 시대 흐름에 따른 다양한 장르의 소화 능력을 갖춘 예술가였음을 보여준다.

장고 반주를 맡는 박춘재 명창(1881~1948)은 서울에서 태어났다. 조선 제일류 가객, 우리나라 재담의 시조 등의 찬사를 받은 다재다능한 소리꾼이었다. 그는 일제강점기 동안 250여 면 이상의 유성기 음반에 참여하여, 소리뿐 아니라 재담, 장고 반주까지 다양한 분야에서 활동하였다. 그의 음반을 통해 우리는 당시 예인의 폭넓은 예술 세계를 엿볼 수 있다.

일본축음기상회(일축)는 1925년 봄, 서울에서 제4차 한국음악 녹음을 시작하였다. 이전까지의 녹음이 대부분 일본 출장 형태로 이루어진 것과 달리, 국내 녹음은 다양한 연주자와 예인을 폭넓게 참여시킬 수 있었다는 점에서 큰 전환점이 된다. 이 4차 녹음은 전기녹음 방식이 도입되기 전 마지막 나팔통식 녹음으로, 음질 면에서도 비교적 안정적인 평가를 받는다. 녹음은 1925년부터 1927년 사이에 걸쳐 진행되었으며, '일축죠션소리반'이라는 레이블로 K501번부터 K657번까지 총 158종의 음반이 출반되었다.

또한, 바로 이 시기부터 유성기 음반에 가사지가 첨부되기 시작하였

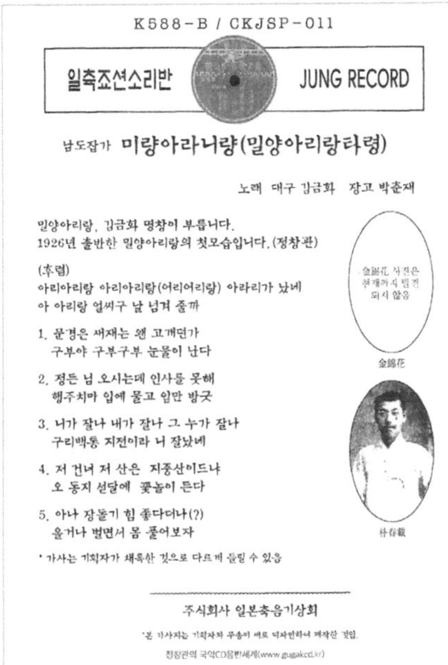

K588-B / CKJSP-011

일축조선소리반 JUNG RECORD

남도잡가 미량아라니량(밀양아리랑타령)

노래 대구 김금화 장고 박춘재

밀양아리랑, 김금화 명창이 부릅니다.
1926년 출반한 밀양아리랑의 첫모습입니다.(정창관)

(후렴)
아리아리랑 아리아리랑(어리어리랑) 아라리가 났네
아 아리랑 얼씨구 날 넘겨 줄까

1. 문경은 새재는 왠 고개던가
구부야 구부구부 눈물이 난다

2. 정든 님 오시는데 인사를 못해
행주치마 입에 물고 입만 방긋

3. 니가 잘나 내가 잘나 그 누가 잘나
구리백통 지전이라 니 잘났네

4. 저 건너 저 산은 지종산이드나
오 동지 섣달에 꽃놀이 든다

5. 아나 장돌기 힘 좋다더나(?)
울거나 벌면서 몸 풀어보자

金錦花 사진은 현재까지 발견되지 않음

金錦花

朴春載

* 가사는 기획자가 채록한 것으로 다르게 들릴 수 있음

주식회사 일본축음기상회

*본 가사지는 기획자와 무송이 새로 디자인하여 제작한 것임.

정창관의 국악CD음반세계(www.gugakcd.kr)

필자가 제작하여 복각반에 동봉한 새로운 가사지.

다. 이는 단순 청취를 넘어 감상과 따라부르기를 가능케 하는 중요한 변화였으며, 대중에게 가창 중심의 민속 음악을 더욱 친숙하게 전파하는 데 큰 기여를 하였다.

1926년 남도잡가 '미량아라니량'은 필자의 '주요 아리랑 음반 복제사업'의 11번째 프로젝트로 2022년 9월에 영국에서 쪽반(CKJSP-011)으로 제작해서 국내로 들여왔다. 음원은 한국고음반연구회 이보형 선생이 전해 준 자료로, 자료는 유성기로 직접 재생하여 담았다고 하였다. 해당 원음 음반은 2018년 2월, 이보형 선생에 의해 국립중앙도서관에 기증된 바 있다.

필자는 복제반의 서두에 "밀양아리랑, 김금화 명창이 부릅니다. 1926년에 출반한 '밀양아리랑'의 첫모습입니다."라고 설명을 직접 녹음하여 삽입하였다. 이는 21세기에 들어 유성기 음반에 소리를 남긴 첫 한국인이 아닌가 싶다. 이는 과거의 음반 형식을 오늘날 다시 복원하여 직접 음성을 추

실제 라벨과 수정하여 사용한 라벨과 복제SP반. | 1926년 남도잡가 '미량아라니량' K-588 B면 재생 영상.

가하는 행위는, 기록과 재현을 넘는 음반사적 실천이자 문화유산 복원의 한 방법이라고 생각한다.

음악적 분석

'밀양아리랑'은 현행 음악과 선율의 흐름이 비슷하나 선법은 다소 모호한 면이 있다. 제일 먼저 눈에 띄는 시김새는 라를 떨고 있는 부분인데, 라는 이 악곡 내에서 가장 주요하게 쓰이는 음이기도 하다. 그러나 특정 시김새만으로 토리를 특정하기가 어려운 이유는 솔·라·도·레·미라는 출현음 중 미-레-도로의 하행, 그리고 도-라-솔이라는 하행이 중복되어 자주 등장한다는 점, 그리고 솔-도로의 4도 도약이 돋보이기 때문이다. 즉, 이 곡의 음악적인 구조는 솔·라·도·레·미의 경토리에 가까우나 시김새는 경토리나 메나리토

전병훈 채록 악보.

리[8]와 완벽하게 일치하지 않고 있다고 하겠다.[9]

---

8 '미라도레-레도라솔미'의 구조로 된 동부민요와 무가의 음악 양식.

9 이 글은 필자의 책, 청우 2집 『밀양아리랑, 유성기 음반으로 듣다(1930년 이전)』의 「1.1-1926년 미량아라니량(남도잡가)」 글을 수정하여 수록함.

10 1927년 아르렁타령

노래 : 박월정
(제비표조선레코드 B111-A)

1927년 1월 16일『조선일보』광고를 통해 처음 확인되는 일동축음기주식회사의 제비표조선레코드(B111-A)의 '아르렁타령' 유성기 음반이다. 이 곡은 박월정 명창이 부른 것으로, 제목의 '아르렁타령'은 '아리랑타령'의 변형 표기이며, 당시 악보나 음반 표기로 자주 등장하는 제목이다.

박월정 명창(예명, 1901~?)은 평안남도 강서출신으로 본명이 박금홍이다. 북한지역에서 태어났으나 판소리를 학

제비표조선레코드B111

광고
조선일보 – 1927-01-16-(03) – 일동
正月發賣新譜
B一一一 아르렁타령 朴月庭
홍타령

수림문화총서『한국유성기 음반 목록』 4권, 330쪽.

박월정 명창(동국대학교 <한국유성기 음반> 사이트)

습하고 서울에서 활동하였으며 서도소리도 능하였다. 남성 중심의 공연 문화가 지배적이던 1931년, 김초향·박록주 명창과 함께 3여류명창 공연의 주인공으로 무대에 올라, 당대 여류 예인의 위상을 널리 알렸다. 1935년에는 최초의 창작판소리 '단종애곡'을 취입하였다. Columbia, Victor, 제비표조선레코드에서 시조, 잡가, 판소리, 창극 등 139면의 유성기음 반에 소리를 남기고 있다. 해방 후 북쪽에 남았으며, 그 이후 행적은 전해지지 않는다.

1931년 9얼 29일 『매일신보』에 게재된 「기다리고 기다리던 3 여류명창의 공연」 기사 중 박월정 부분을 그대로 인용해 본다

> 재래로 『명창』이라고 하면 남도에서만 나는 줄로 생각하는 것이 일반 문외한의 관념이지만 결코 그러치 안으니 서도에서도 만흔 명창을 내이엇습니다. 그것은 서도西道의 『수심가』와 남도의 『륙자백이』가 우리 조선노래의 대표가 되엿고 여기에 소개하는 박월정씨만 보아도 넉넉히 좌중할 수 잇습니다. 그는 풍광이 명미하여 금수강산을 자랑하는 평안도 강서출생입니다. 고향이 고향임으로 서도소리는 물론이오 서울노래는 그

스스로도 자신을 가지는 바이니와 아조 목청이 달은 남도소리에까지도 전문가의 칭송을 밧습니다. 말하자면 그는 좌통우달로 남도소리 서도소리를 몰론하고 명창으로 지목을 밧습니다.

제비표조선레코드는 1925년 9월, 일동축음기주식회사가 조선 시장에 진출하며 만든 브랜드이다. 그러나 1928년 전기녹음이 도입되면서 우리 음반 발매는 중단되었으며, '제비표'는 라벨에 삽입된 그림을 따서 붙여진 통칭이다. 이세기라는 조선인 기획자를 중심으로 1928년까지 약 180여 장의 음반을 출반하였다.

이 음반의 광고에는 '아르렁타령'으로 적혀있지만, 1930년 이전 아리랑의 표기는 '아리랑', '아라랑', '아라렁', '아르랑', '아르렁타령', '난란타령', '밀양아리랑'의 경우에는 아라니량 등 다양하게 나타난다, 1930년에도 김연실 가수가 부른 나운규의 영화 〈아리랑〉의 영화주제가를 '아르렁'으로 표기하였으나 비교적 1930년 이후부터 용어 아리랑이 점차 통일되어 정착된 것으로 보인다.

박월정 명창이 부른 '아르렁타령' 유성기 음반은 지금까지 공개된 적이 없으며 누가 음반을 가졌는지도 확인이 안 되고 있다.

• Tip

일본 일동축음기주식회사의 Nitto 레이블(2249-A)로 1926년에 출반된 윤심덕의 결사의 독창 〈사의 찬미死の讃美〉 유성기 음반은 일본 음반 번호체계로 발매된 것이다. 그래서 이 음반은 일본에서 많이 발견되고 있다. 초반은 윤심덕尹心德으로 출반되었지만, 이심덕伊心德으로 출반된 음반도 있다.

이심덕으로 출반된 〈사의 찬미〉 음반 라벨.

11 1927년 아리랑타령 · 장긔타령 (정악)

연주 : 조선악단
(일츅조선소리반 K-658-A)

1927년 9월 『동아일보』의 일축 광고로 처음 나타난 일츅조선소리반 (K-658-B)의 정악 '아리랑타령·장긔타령' 연곡 유성기 음반이다. 해당광고에서는 취주악, 조선악 '아리랑타령.장긔타령'으로도 소개하고 있다. 연주는 조선악단이다. 이 음반의 녹음은 일본축음기상회의 1925년의 4차 한국음악 녹음으로 확인된다.

이 음반에서 연주된 '아리랑타령'은 현재 우리가 알고 있는 '긴아리랑'에 해당하며, 이 곡을 정악으로 표기한 점은 매우 이례적이다. 일반적으로 '긴아리랑'은 민속악 혹은 민요적 범주에서 다뤄지는 것이 일반적인데, 이 음반에서는 취주악 편성으로 연주된 것으로 보인다. 그리고 경기잡가에

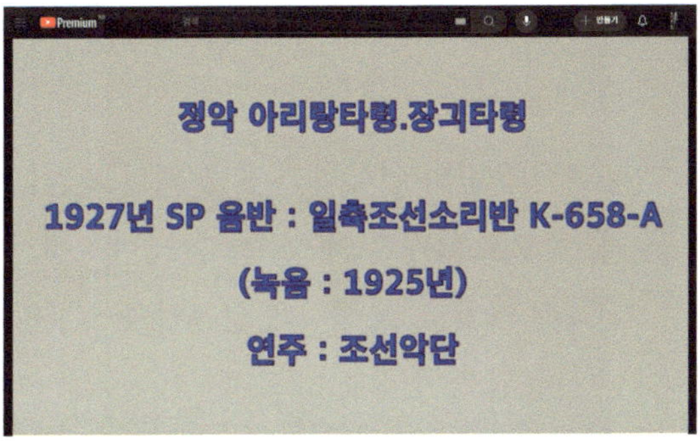

유튜브 〈정창관의 아리랑 1〉 채널 /
A9 : '1927년 아리랑타령·장긔타령' /
연주 : 조선악단 /
연주 시간 : 3분 20초

속하는 '장긔타령'과 연곡 형식으로 구성하였다는 점도 매우 이채로운 시도로 평가된다.

이 음반에 등장하는 연주 단체 '조선악단'에 대해서는 현재까지 정확한 실체가 알려진 바 없다. 일제강점기 활동 기록에서 '조선악단'이라는 명칭을 검색하면 대표적으로 두 개의 단체가 확인되지만, 이 음반의 연주에 참여한 조선악단은 이들 중 어느 단체와도 일치하지 않는 것으로 보인다.

이러한 경우는 과거와 현재를 막론하고 흔히 나타나는 현상으로, 몇 명의 연주자가 녹음을 진행한 뒤, 음반을 출반할 때 임의로 단체명을 '조선악단' 등으로 표기하는 방식을 취했을 가능성이 높다. 현재까지 확인한 바로는 조선악단 명의로 출반된 유성기 음반은 일축에서 총 10여 면에 이른다.

녹음에 참여한 악기 편성은 태평소 2개, 나발, 나각, 타악기 등으로 추정되며, 이는 당시 고취악 편성의 전형적인 예에 해당한다. 특히 주목할 만

나각 부는 모습
(국립국악원, 『조선아악기사진첩』)

한 것은 녹음 전체에 걸쳐 지속적으로 들리는 나각螺角의 소리인데, 그 거칠고 독특한 음색이 음반의 인상적 특징 중 하나로 남는다. 참고로 나각은 약 550년 전 명나라에서 전래된 악기로, 조선시대 군례악과 고취악에 사용된 악기이다.

1927년 출반된 '아리랑타령·장긔타령(정악)' 음원은 필자가 어렵게 확보하여 유튜브 〈정창관의 아리랑 1〉 채널에 게시할 수 있었다.

해당 음원은 모 대학이 소장한 릴테이프에 담겨 있다는 소문을 접하고, 해당 대학에 직접 연락하여 여러 경로를 통해 수소문하였으나, 릴테이프의 존재나 위치에 대해 알고 있는 사람을 찾을 수 없었다. 결국 필자는 그 대학에 재학 중인 학생을 아르바이트로 고용하고, 필자가 확보한 단서를 제공하여 직접 릴테이프를 찾게 하였다.

상당한 시간이 흐른 뒤, 해당 학생이 7인치 릴테이프를 실제로 찾아내는 데 성공하였으나, 테이프의 외부 반출이 불가능하다는 제약에 부딪혔다. 필자는 고심 끝에 해당 대학 교수 한 분에게 자초지종을 설명하고, 그 교수의 명의로 릴테이프를 대여받는 방식으로 테이프를 가져올 수 있었다.

당시 필자에게는 릴테이프를 디지털 음원으로 변환할 장비가 없어, 김포에 거주하는 예술기획탑 양정환 대표의 자택을 찾아가 디지털 전환 작업을 진행하였고, 이 과정을 거쳐 음원을 추출한 후 유튜브에 게시할 수 있었다. 이후 릴테이프는 교수에게 반환하였다.

필자가 목록화한 1945년 이전 유성기 음반 아리랑은 모두 158종에 달한다. 이 중에서 129종은 구해서 유튜브 〈정창관의 아리랑 1〉 채널에 올렸다. 구하지 못한 아리랑 음원은 29종으로, 이 중에서 9종은 소장자를 파악하고 있으나 20종은 누가 가지고 있는지를 모른다. 9종은 정선 아리랑박물관(1종), 국립민속박물관(1종), 아르코예술기록원(2종)과 개인 소장자(5종)가 가지고 있다.

기관이나 개인 소장자는 자신이 음반을 보유하고 있다고 홍보하면서도, 실제 음원 공개는 꺼리고 있다. 필자는 이에 대해 다음과 같은 점을 지적한다. "음반은 공산품이며, 단순 소장자에게 음원에 대한 법적 권리는 없다." 그럼에도 대부분의 공공기관과 박물관은 음반을 물리적 유물로만 다루고, 음원의 문화적·공공적 가치를 외면한 채 '저작권 위반 우려'를 이유로 음원 제공을 거절하고 있는 실정이다. 담당자가 바뀌면 혹시나 음원을 제공해줄까 하는 기대를 품고, 지금도 꾸준히 연락을 이어가고 있다.

아르코예술기록원은 1986년 고전음악감상실 〈르네쌍스〉를 운영했던 박찬용 선생에게 기증받은 유성기 음반들을 바탕으로, 〈한국유성기 음반 르네쌍스〉라는 이름으로 음원을 정리하여 공개하고 있다. 이들은 법률 자문

아르코예술기록원
〈한국유성기 음반 르네쌍스〉 사이트.

을 거쳐 총 274면 중 대부분의 음원을 홈페이지에 자유롭게 감상할 수 있다.

2022년에 아르코예술기록원은 작곡가 나운영(1922~1993) 선생의 자료를 기증받았다. 여기에는 미공개 아리랑 음반 2종이 포함되어 있다. 현재는 나운영 선생의 자료를 정리 중에 있으며 정리되면 박찬용 선생의 기증 음반과 같이 순차적으로 공개 예정(2027년)이라 한다. 이 중 1종은 1937년 Korai 레이블에서 출반된 남도잡가 〈밀양아리랑〉(노래 : 최계란 · 조소옥)으로, 『한국유성기 음반』 목록에도 등재되지 않은 귀한 음반이다.

음악적 분석

'아리랑타령'과 '장긔타령'은 선율의 흐름이나 시김새를 고려할 때 솔·라·도·레·미로 구성된 경토리라 할 수 있다. 주요하게 쓰이는 음은 솔과 도이고, 음을 흔드는 농음 기법 역시 이 두 음에 집중되어 있다. 솔에서 라를 거쳐 도로 상행하거나 미를 흘리면서 레를 거쳐 도로 하행하는 선율이 많이 발견된다. 라는 솔과 도, 레는 도와 미 사이의 경과음으로 많이 쓰이고 있다.

장단은 3소박 3박의 세마치 장단을 기본으로 하고 있으며, '아리랑타령'에서 '장긔타령'으로 전환된 이후로는 템포가 빨라졌기 때문인지 장구가 매박을 짚어주고 있음이 확인된다. 현행 휘모리잡가의 '장기타령'은 대개 4박으로 구성된 잦은 타령 장단에 간혹 반장단을 추가하는 형태로 연주되고 있으나 이 음반에서는 3박 장단을 기본으로 하고 있다는 차이점이 있다고 하겠다.

⑫ 1928년 경란란타령 (경성잡가)

병창 : 장금화·길진홍
(Victor 49047-A)

1928년 12월 31일 『동아일보』에 실린 빅터 1월 신보 광고로 처음 선보인 Victor 49047-A 경성잡가 '경란란타령' 유성기 음반이다. 박춘재 명창의 장구 반주로 장금화·김진홍 명창이 부른다. '긴아리랑'이다. 2사람이 부르기에 병창으로 음반 라벨에 적혀있고, 가사지에는 '경아리랑타령'으로 병기하고 있다. '경京'은 '서울(경성)'을 뜻하며, 이는 이 '아리랑'이 당시 서울 지역의 장단과 음계을 반영하고 있음을 나타낸다

• 가사

(후렴)

우리랑 우리랑[10] 아라리로구나

아리렁 아리엘수 아라리로구나(혹은 어리얼너주마)

1. 련분홍 져골이 발이 남길초매
   총독부 훈령이 나려도 나는 목놋켓다

2. 달은 밝어 명랑한데
   안나든 생각이 시름업시 난다

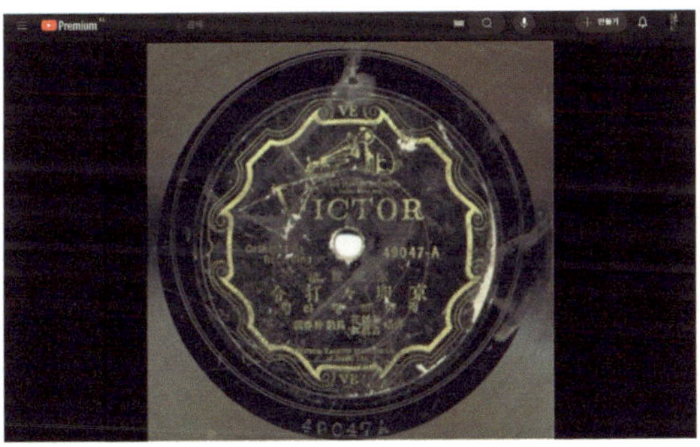

유튜브 〈정창관의 아리랑 1〉 채널 /
A10 : '1928년 경란란타령' /
병창 : 장금화·길진홍 /
연주 시간 : 3분 20초(음질이 열악함)

10 후렴에서 "아리랑 아리랑" 으로 노래 부르는데 실제 가사에는 "우리랑 우리랑"으로 적혀 있음.

3. 가는 님 허리를 시름업시 안고
가지를 말나구 지긋재한다[11]
－끝－

장금화 명창은 평양 기성권번 출신으로 서도소리 명창으로 장학선, 이반도화 등과 함께 김일화주 명창 문하에서 같이 사사하였다. 평양의 권번문화와 서도소리의 전통을 이어 받았으며, 그녀의 소리는 오복녀 명창(1913~2001)을 통하여 이어지고 있다. 일축과 Victor에서 23여 면의 유성기 음반을 남기고 있다. 그녀의 생몰년도와 사진은 아직 확인하지 못하였다.

길진홍 명창
(『조선미인보감』, 경성일보사, 1918년)

길진홍 명창(1897~?)은 서울 출신으로 서울의 권번 중의 하나인 경화권번에서 활동하였다. 그는 가곡과 정재무에 능하였으며, 특히 경서잡가 부문에서 탁월한 기량을 발휘한 인물이다. 길 명창은 일제강점기 일축과 Victor 레이블에

11 가사는 『한국유성기 음반』 책에서 그대로 가져옴.

박춘재 명창
(동국대학교 <한국 유성기 음반> 사이트)

서 총 35면에 달하는 유성기 음반을 남겼으며 소리뿐 아니라 장고 반주 녹음이다. 특히 만 31세였던 1928년 전후 시기에 출반된 이 음반은 그의 성숙한 기량이 절정에 달했음을 드러낸다.

장고 반주를 맡는 박춘재 명창에 대해서는 1-9장 1926년 '미량 아라니량'(남도잡가)에서 설명한 바 있다. 조선 제일류 가객, 우리나라 재담의 시조 등의 찬사를 받은 다재다능한 소리꾼이었다.

일본 빅터축음기주식회사(이하 빅터)는 1927년 9월, 미국 Victor Talking Machine Company가 일본 시장에 진출하기 위해 설립한 현지 법인 음반회사이다. 빅터는 창립 초기부터 전기녹음 기술을 전면 도입하였으며, 자사의 특허 기술인 'ORTHOPHONIC RECORDING' 방식으로 음반을 제작하였다. 이 기술은 기존의 나팔통식 녹음과는 비교할 수 없는 음질의 우수성으로 정평이 나 있다.

빅터 음반의 특징은 풍부한 저음, 정확한 악기 배열, 연주자 간 음량 밸런스의 안정감에 있다. 그러나 음반 재질면에서는 상대적으로 내구성이 약하여 당시의 출반 규모에 비해 현존하는 음반 수가 매우 적은 실정이다.

1928년 6월 초, 빅터는 기술진을 서울에 파견하여, '조선이왕직아악부'의 궁중음악을 시작으로 조선 음악의 녹음을 개시하였다. 빅터의 녹음은 주로 일본 요코하마 본사 스튜디오에서 이루어졌으며, 이후 1937년 봄에는 서울에 전용 스튜디오를 설치하여 현지 녹음을 강화하였다. 이로써 빅터는 일제강점기 일본 콜럼비아와 함께 조선 음반 시장을 양분하며, 양대 음반 제작사로 자리매김하였다.

빅터는 '정규반(Victor 49000~49491, 492장)', 염가 보급반인 '대중반(Victor Junior KJ-1001~1386, 386장)', '아동반(Victor 아동레코드 KJ-3001~3018, 18장)', '빅터 스타(Star KS-2001~2034, 34장)', 기타 '이왕직아악부 음반(Victor 49801~49820, 20장)' 등 다양한 레이블로 출반하였으며, 재발매 음반을 포함하여 약 986장의 유성기 음반을 출반하였다. 이 가운데 '경란란타령' 음반은 빅터 정규반에 속하며, 초기 한국 전기녹음 음반 중 중요한 위치를 차지한다.

빅터는 1941년 봄, 태평양전쟁 발발과 함께 사실상 한국에서의 영업을 종료하였다. 그러나 남겨진 음반들은 오늘날까지도 그 기술적, 음악사적 가치로 인해 한국 근대음악사 연구에서 중요한 위치를 점하고 있다.

음악적 분석

'경란란타령'은 선율에서 '긴아리랑'과 유사한 면이 발견되나 현행과 같지는 않으며 이전의 '긴아리랑' 계열 악곡과도 차이를 보이고 있다. 출현음은 솔·라·도·레·미이고, 다섯 음이 모두 쓰이나 그중에서도 기둥을 이루는 음은 솔·도·레로 보인다. 이는 세 음 사이에서 라와 미가 경과음으로 사용되고 있기 때문이다. 선율의 진행이나 종지음을 고려할 때 솔·라·도·레·미로 구성된 경토리로 볼 수 있겠다.

13

1929년 영화설명 아리랑

노래 : 유경이 / 해설 : 성동호
(Columbia 40002 & 40003)

1929년 2월『동아일보』에 처음 게재된 콜럼비아 신보 광고를 통해 Columbia 40002 & 40003, 2장의 유성기 음반 영화설명 〈아리랑〉이 세상에 나왔다. 그 광고에는 '영화극' 내지는 '향토비극'이라는 부제를 달기도 하였다. 성동호(변사) 노래 유경이, 반주 조극관현악단과 광월단조선악부이다.

음반은 전형적인 '영화설명 음반' 형식으로, 변사가 영화 내용을 이야기하고 중간중간 음악과 노래가 삽입되는 방식이다. 성동호 변사의 구술이 영화의 줄거리와 장면을 생생히 전달하며, 유경이 가수의 노래가 삽입되어 현장성 있는 사운드트랙의 역할을 한다. 이 음반은 당시 유성기 음반계에서 유행하던 '영화설명' 시리즈의 하나로, 일제강점기에만 약 200여 면

유튜브 〈정창관의 아리랑 1〉 채널 / A21 : '1929년 영화설명 아리랑' / 연주 시간 : 10분 53초

이 넘는 영화설명 음반이 출반되었다. 대표적인 예로는 〈영화설명 벤허〉, 〈영화설명 로미오와 줄리엣〉, 〈영화설명 클레오파트라〉 등이 있으며, 이는 극장 중심의 영화 소비를 음반이라는 대중매체로 확장한 경우이다.

홍미로운 점은, 영화 〈아리랑〉이 1926년 10월 1일 서울 단성사에서 개봉되어 전국적인 열풍을 일으킨 국민영화였음에도 불구하고, 음반화는 2년 4개월이 지난 1929년 2월에 이르러서야 이뤄졌다는 점이다. 현대와 같이 영화 개봉 전 OST가 사전 발매되는 구조와 비교할 수는 없지만 이렇게 늦었다는 것은 좀 이외다.

영화 〈아리랑〉이 실제 상영될 당시에는 영화 속에서 '아리랑' 노래가 약 9회 가량 반복되어 불렸던 것으로 전해진다. 1929년에 출반된 〈영화설명 아리랑〉에서는 '아리랑' 노래가 3면과 4면에 등장한다. 구체적으로 살펴보면 3면(Columbia 40003-A)에서 아리랑이 처음 한 차례 등장하고, 4면(Columbia

유튜브 〈정창관의 아리랑 1〉 채널 /
A21-발췌 : '1929년 영화설명 아리랑'
중 '아리랑' 음악 /
연주 시간 : 1분 10초

40003-B)에서 두 차례 정도 더 불려진다. 이 음반은 영화의 감동을 압축적으로 전달하기 위한 형식이었기 때문에, 실제 상영 당시의 아리랑 반복 수에 비해 상대적으로 적은 빈도로 삽입된 것으로 해석된다.

필자는 이 가운데 유경이 가수가 부른 '아리랑' 노래 부분만을 발췌하여 별도로 유튜브에 공개하였다. 이는 영화설명 〈아리랑〉 유성기 음반 중 '아리랑' 가창 부분을 독립적으로 감상할 수 있는 보기 드문 자료일 것이다.

• 가사

(반복)

아리랑 아리랑 아라리요

아리랑 고개로 넘어간다

나를 버리고 가는 님은

십리도 못가서 발병나네

-끝-

유경이 가수
(『조선영화소곡집』, 김연갑제공)

유경이 가수는 1920년대 후반 무대 중심으로 활동한 가수이다. 일제강점기 영화설명 유성기 음반을 통해 그 이름을 남겼다. 그녀는 당대의 대중가수나 전속 소리꾼들과는 달리, 전통적인 민요나 잡가 대신 영화설명 음반에 삽입된 가창으로 활동한 보기 드문 사례로 기록된다. 유경이 가수는 영화설명 음반으로만 '아리랑' 4면, '부활(카츄샤)' 4면, '낙화유수' 2면 등 모두 10면에 이름을 올리고 있다. 모두 Columbia 레이블로 이들 음반은 모두 한 차례에 걸쳐 녹음된 것으로 보이며, 이후 유경이의 활동이나 행적은 문헌상에서 더 이상 확인되지 않는다.

변사 성동호(1904~1985)는 서울 출생으로 일제강점기와 해방 이후까지 활동한 대표적인 변사이다. '마지막 변사'로 불리며 한국 무성영화 해설의 상징적 인물이다. 1920~30년대 단성사와 조선극장 등 주요 극장에서 활동하면서, 관객의 감정을 이끌어내는 탁월한 해설로 큰 인기를 얻었으며, 나운규의 영화 〈아리랑〉 상영 시 일본 순사가 없는 관객석에서는 주인공 최영진을 '3·1운동의 고문으로 미치광이가 된 우리의 영진'으로 소개하여 민족적 감정을 자극했다고 한다. 무성영화가 유성영화로 바뀌면서 변사의 역할도 사라졌다. 성동호 변사는 영화 홍행사로 활동하면서 1970년대 초에는 국도극장 전무로 재직하였다. 1985년 작고하면서 일제강점기 전문 변사들의 명맥은 막을 내리게 되었다.

성동호 변사는 일축, Polydor, Columbia, Regal 레이블로 영화설명 유성기 음반을 20여 면 남기고 있다.

'조극관현악단'은 일제강점기 무성영화 시기 '조선극장관현악단'으로 활동한 것으로 보이는 연주 단체로, 유성기 음반에 기록된 이름을 통해 그 존재가 확인된다. 이 악단은 특히 영화설명 유성기 음반에 반주단으로 참여하였으며, 현재까지 확인된 바로는 총 14면 내외의 음반에 이름이 나타난다. 명확한 설립 연도나 단원 구성 등은 밝혀진 바 없으나, 서울 조선극장에 소속되어 영화 상영 시 실연 반주를 담당한 극장 부설 관현악단으로 추정된다. 당시의 관현악단은 서양식 현악·관악기 중심의 편성으로 영화의 감정선을 따

변사 성동호
(동국대학교 〈한국 유성기 음반〉 사이트)

라 연주하며, 변사와 함께 극적 효과를 증폭시키는 중요한 역할을 했다

'광월단조선악부'는 이름으로 보아 창극단체인 '광월단'의 부속 음악단체로 추정된다. 광월단은 1920~30년대에 활약한 민족적 색채가 강한 창극단으로, 조선 전통음악을 대중극 형식으로 발전시킨 단체로 알려져 있다.

일본축음기상회에서 출반한 콜럼비아레코드는 일제강점기 조선에서 가장 많은 우리음악 유성기 음반을 출반한 음반회사이다. 1928년 전기녹음이 시작되면서 콜럼비아의 첫 녹음은 1928년 11월에 서울에서 이루어지고 1929년 2월부터 콜럼비아 정규반이 40000번부터 출반된다. 정규반은 40923을 마지막으로 1943년까지 계속되었다. 1929년 〈영화설명 아리랑〉 음반은 Columbia 레이블의 40001 동요 '저녁노을'과 '북악산토끼' 음반에 이은 2번째 음반으로 비중있게 다루어졌음을 알 수 있다.

1926년 나운규 감독의 영화 〈아리랑〉은 한국 영화사의 출발점이자 민족정신의 상징으로 평가받는다. 그러나 안타깝게도 이 영화의 필름은 남아있지 않다. 소실된 필름을 대신할 수 있는 사료로, 1929년 출반된 〈영화설명 아리랑〉 유성기 음반의 마스터 금속 원반은 존재하고 있다. 이 원반은 현재 일본 오사카 소재 국립민족학박물관에 소장 중이다.

이 금속 원반은 단순한 음반의 원본이 아니라, 1926년 '아리랑' 영화의 감동과 해설, 음악이 결합된 유일무이한 사운드 기록으로, 영화 원본이 없는 지금으로서는 가장 가까운 '청각적 복원자료'라 할 수 있다. 필자는 수년전 이 박물관에 131장의 국악 CD 음반을 기증하면서 담당자와 〈영화설명

'1929년 영화설명 아리랑' 유성기 음반 3면 복각반에 사용한 라벨.

아리랑〉 원반의 국내 기증 가능성을 조심스럽게 타진한 바 있다. 그러나 당시 박물관 측은 "그런 일은 있을 수 없다."는 말로 단호히 선을 그었다.

이런 생각도 해보았다. 일제강점기 우리 음반시장을 양분했던 Columbia사와 Victor사, 그 두 음반사의 금속 원반이 하나는 일본 오사카민족학박물관, 다른 하나는 서울 국립민속박물관에 나란히 보관되어 있다는 사실이다. Victor사의 금속 원반은 이미 국내로 들어와 국립민속박물관에 기증되어 등록문화재로 지정되어 있고, Columbia사의 〈영화설명 아리랑〉 금속 원반 4장은 오사카 민족학박물관이 소장하고 있다.

그래서 생각했다. "Victor 원반 4장과 Columbia 아리랑 원반 4장을 맞교환하면 어떨까. 상징성과 희귀성, 역사적 가치 모두에서 균형이 맞는 일이 아닐까." "그리하여 '아리랑' 100주년이 되는 2026년에는 이 금속 원반이 우리 땅에서 전시되고, 사람들 귀에 다시 울려 퍼질 수 있으면 얼마나 좋을까."

하지만 이를 실현하려면 국립민속박물관과 일본 민족학박물관의 협의가 전제되어야 하고, 무엇보다 Victor 원반은 등록문화재로 지정되어 있어 국외 반출 시 문화재청의 허가가 필요하다는 말을 들었다. 문화재청의 승

필자가 복각한 '1929년 영화설명 아리랑' 유성기 음반 재생영상.

인을 얻는 것조차 간단한 일이 아닌데, 이런 작업을 당사자도 아닌 개인이 추진한다는 것은 사실상 불가능에 가까운 일이었다. 그래서 이 생각은 결국 생각으로만 끝났다. 영화는 사라졌지만, 소리는 남아 있다. 그 소리의 원형이 언젠가 다시 이 땅으로 돌아오기를 바라는 바이다.

필자는 '주요 아리랑 음반 복제사업'의 10번째 프로젝트로 2022년에 '1929년 영화설명 아리랑' 유성기 음반(CKJSP-010) 복제품을 영국에서 제작하였다. 전체 4면이지만 실제로 아리랑 노래가 처음 등장하는 3면만 쪽반으로 제작하였다. 라벨과 가사지는 국내에서 제작하여 완성한 것이다.

복제 음반을 완성 후 가사 전체를 채록하였으며, 필자의 해설 음성도 앞부분에 삽입하여 음반의 역사적 배경과 내용의 이해를 도왔다. 이는 단순한 복제품이 아니라, 기록 유산으로서의 음반에 해설적 가치를 부여한 작업으로, 후대의 연구자나 국악 애호가들에게 중요한 참고 자료가 될 것이다.

• 가사

아리랑, 유경이 가수가 부릅니다.
이것이 1926년 '나운규 아리랑'의 첫모습입니다.
(3면 Columbia 40003-A)

네류덕[12]이 카츄샤[13]의 손목을 꼭 잡으면서 나는 모스코바로 가고 싶지 않다. 그러나 카츄샤는 부끄러워서 얼굴만 빨게지고 그 대학생의 얼굴도 쳐다보지 못했답니다.

나날이 첫사랑이 깊어가는 친구는 영희를 다리고 이와같이 카츄샤의 소설이야기를 하여주게 되었다.

그러나 하기방학도 다 지나가고 두 사람은 할 수 없이 갈라지게 되었습니다. 학생이 사라보로 떠나 모스코바로 가는 날 아침에 카츄샤는 슬픈

12 톨스토이 소설 부활의 남자주인공 네흘류도프.

13 부활의 여자 주인공.

이별을 하게 되었답니다.

이 때에 영진이는 아리랑의 노래를 부르면 안으로 들어온다

자 영희씨, 우리도 같이 부릅시다. 친구도 바이올린을 가지고 나와 영희와 함께 노래를 부르게 되었다.

아리랑 아리랑 아라리요
아리랑 고개로 넘어간다
나를 버리고 가는 님은
십리도 못가서 발병나네

이윽고 기쁜 사람 슬픈 사람 늙은이와 젊은이 모든 것을 잊어버리고 즐겁게 뛴노는 날이 돌아왔다.

(음악)

풍년이 온다네 풍년이 와요 이 강산 삼천리에 풍년이 온다네.
그러다보니 하늘엔 별도 많다 우리네 살림살이 말도 많다. 바람이 불며는 비 올줄 알지 어떤 비바람이 빠르기만 했다.

(음악)

일감을 영진이의 아버지에 준 세금의 댓가로서 영희를 자기의 물건으로 만들고자하는 기호는 영희가 비는 틈을 타서 최후의 수단으로 하인을 다리고 영진이의 집에 들어와 영희의 정조를 유린하려 한다. 울기 전에 당하는 영희는 얼쩔줄을 모른 체 마침 이 짓을 봐왔던 현구가 돌아왔다.

어이 남의 땅을 빼어려는 악마야 자 덤벼
– 끝 –[14]

일제강점기 조선의 현실과 민중의 저항 정신을 상징적으로 담아낸 대표적인 민족영화 '아리랑'의 내용은 다음과 같다.

주인공 최영진(나운규)은 3·1운동에 참여했다가 일제의 고문으로 정신 이상을 겪게 된다. 고향으로 돌아온 그는 여동생 영희와 함께 살아가지만, 정신의 불안정 속에서 미치광이로 불리면 살아가고 있다.

마을에는 악덕 지주와 그들의 앞잡이인 반민족적인 인물들이 득세하

14 여러 사람의 도움을 받아 채록하였으나 다르게 들릴 수도 있음. 1929년 영화소설 『아리랑』(문일 편)을 참조하였으나 유성기 음반에 수록한 내용은 축약한 것이라 별로 도운이 되지 못하였음.

고 있습니다. 그 가운데, 지주의 하수인 오기호는 영희를 마음을 두고 있지만, 영희는 영진이이 친구 윤현구에게 마음을 두고 있었다. 어느 날 오기호는 영희를 겁탈하려 하고, 이 장면을 목격한 영진은 환상에 빠져 오기호를 낫으로 찔러 죽이게 된다.

이 때에 영진이는 정신이 돌아오지만, 이미 살인자로 체포되어 끌려가게 된다. 영진이는 아리랑 고개를 넘어가면서 "여러분, 울지 마십시오. 이 몸이 삼천리 강산에 태어났기에 미쳤고 사람을 죽였습니다. 지금 이곳을 떠나려는 이 영진은 죽음의 길을 가는 것이 아니라 갱생의 길을 가는 것이오니 여러분 눈물을 거두어주십시오…!" 그리고 울려 퍼진 것이 주제가 '아리랑'이다.

필자는 1926년 영화 〈아리랑〉을 연구하면서 평소에 가진 몇 가지 질문과 답을 하고자 한다.

1) 1926년 10월 1일 단성사에서 상영된 나운규 감독의 영화 〈아리랑〉 초연시 주제가 '아리랑'을 부른 가수는 누구인가?

이에 대해 여러 설이 존재한다.

유경이, 강석연, 김연실, 이경설, 이정숙, 그리고 영화 속에서 주인공 영진의 여동생 역으로 출연한 배우 신일선(본명 신삼순, 1912~1990)까지 다양한 인물이 그 주인공으로 거론된다.

특히 2011년 북한에서 출판된 윤수동의 『조선민요 아리랑』에서는 인민배우 김련실(1911~1997)이 1926년 10월 1일 단성사 무대에서 '아리랑'을 불렀다고 명시되어 있으며, 해당 악보까지 함께 수록되어 있다. 이 책에 따르면, 당시 김련실은 시골에서 서울로 올라와 상점 심부름꾼으로 일하고 있었고, 우연히 나운규와 인연을 맺은 뒤 그의 추천으로 주제가를 배워 영화 초연 무대에서 노래를 부르게 되었다는 일화가 소개되어 있다.

그러나 필자는 이 다양한 주장들 모두 일정 부분 사실일 수 있다고 생각한다. 왜냐하면 나운규의 영화 〈아리랑〉은 서울을 비롯하여 부산, 평양 등 전국적으로 순회 상영되었으며, 당시에는 영화관마다 변사의 해설과 노래가 함께 이루어졌기 때문이다. 각 지역 극장에서 무대에 올라 '아리랑'을 부른 가수는 서로 달랐을 수 있으며, 그러한 경험을 가진 사람은 자연히 "내가 영화 〈아리랑〉에서 노래를 불렀다."고 주장할 수 있다. 실제로 상영시 가수가 없을 경우에는 변사가 직접 노래를 부르기도 했다는 증언도 있다.

그러면 10월 1일 단성사의 첫무대에서 누가 아리랑을 불렀을까? 모든 학자들이 100% 동의하고 있는 것은 아니지만 필자는 김연갑 이사장이 근거로 제시한 자료들을 보고 유경이 가수라고 보고 있다. 아리랑연합회 김연갑 이사장이 제시한 자료는 단성사가 1929년 4월 발간한 『조선영화소곡집』에 실린 가수 유경이의 사진과 영화 주제가 '아리랑'의 악보와 가사(오른쪽)이다. 가수 유경이 양 사진 밑에는 '양은 년소한 성악가의 한 사람으로서 본영화소곡집의 대부분을 스테이지에서 노래한 분입니다.'라고 적혀 있

아리랑연합회 김연갑 이사장이 제시한 자료.

다. 이는 실제 무대 공연에서 '아리랑'을 불렀던 인물로서 유경이의 실체를 뒷받침하는 자료로 보인다. 필자는 이 점을 근거로, 1926년 10월 1일 단성사 초연 당시 '아리랑'을 부른 이는 유경이 가수였을 가능성이 가장 크다고 판단하고 있다.

2) 영화 〈아리랑〉이 끝났을 때 관객들은 유경이가 부른 '아리랑'을 듣고 정말 목 놓아 울면서 '아리랑'을 함께 불렀을까?

이 질문에 대해 필자는 분명한 의구심을 가지고 있다. 오늘날 우리가 '아리랑'이라고 말할 때 일반적으로 떠올리는 곡조는 '본조아리랑'으로, 대중적으로 가장 널리 알려진 형태이다. 하지만 1926년 영화 〈아리랑〉이 처음 상영되던 시기 그 무대에서 불린 '아리랑'은 오늘날의 '아리랑'과는 곡조도 빠르기도 다르다.

이 장에서 감상할 수 있는 1929년 Columbia 음반에 수록된 영화설명 '아리랑'의 곡조는 음색상으로도 슬픔을 표출하기보다는 리듬감이 있으며 쉽게 따라 부를 수 있는 노래가 아니며, 관객이 집단적으로 감정에 복받쳐 노래를 따라 부르기에는 구조적으로 한계가 있다. 게다가 1926년 당시 대중은 지금처럼 노래방 문화나 방송을 통해 사전 익숙해진 청중이 아니었다. 악보나 음반을 통해 아리랑 멜로디를 접할 기회가 거의 없었던 일반 관객이, 상영 중 등장하는 아리랑을 즉흥적으로 따라 불렀을 가능성은 낮다고 본다.

이와 관련해 2025년 3월 14일, 필자는 종로 우리소리도서관에서 열린 ‘유성기로 떠나는 아리랑 여행’ 강연 말미에, 관람객 30여 명을 대상으로 ‘1926년 나운규의 아리랑 따라 불러보기’ 실험을 진행하였다. 이 실험은 소리꾼 전병훈의 지도 아래 이루어졌고, 청중들은 영화설명 ‘아리랑’의 원형을 실제로 따라 불러보았다. 그 결과는 명확했다. 이 아리랑은 감정적으로는 분명 의미가 있지만, 리듬과 음정, 가사 구조상 현대인이 쉽게 따라 부르기 어려운 곡조였다. 슬픔을 터뜨리기도 어렵고 전체적 합창을 유도하는 성격은 아닌 것으로 판단하였다,

더 나아가, 당시 관객 반응을 반영한 1926년 10월 10일자『매일신보』3면에 실린 평론을 보더라도 이 같은 의구심을 뒷받침한다. 영화평론가 포

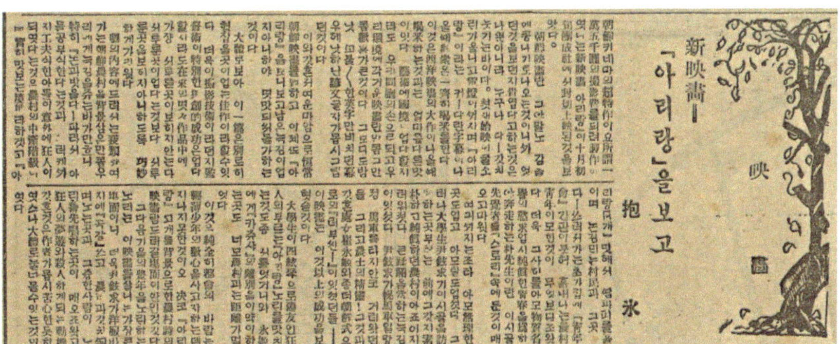
新映畵 「아리랑」을 보고

抱氷

1926년 10월 10일,『매일신보』3면 해당 기사.

영 선생은 10월 6일 관람 후 작성한 평론에서 영화의 백미로는 '가을의 풍년을 노래하는 장면'을 꼽았다. 이는 '양산도'가 삽입된 장면으로, 앞 복제반의 재생 영상 2분 8초부터 등장하는 노래이다. 또한 그는 "… 대학생이 4현금으로 구우(옛친구)인 광인의 부르는 '아리랑' 노래를 맞치는 것도 좀 서툴엇거니와 영희에게 카츄샤의 이별을 이약이(이야기)하는 곳도 너모 농촌과는 거리가 멀엇다."라고 논평하고 있다. 영화의 상징이자 주제가로 간주되는 '아리랑'에 대해서는 특별한 언급이나 평가가 없으며, 영화 말미에 관객이 '아리랑'을 함께 합창하며 눈물을 흘렸다는 기록은 보이지 않는다

이러한 자료들을 판단하여 필자는 "관객이 영화 마지막에 유경이가 부른 아리랑을 듣고 목 놓아 함께 울고 불렀다."는 전언은 후대의 감상적 재구성일 가능성이 높다. 물론 당시의 민족적 감정과 영화의 사회적 파급력을 부정할 수는 없지만, 구체적이고 구조적인 사실로 뒷받침되기에는 근거가 부족하다.

3) 영화 '아리랑', 노래 '아리랑'이 일제강점기에 일제로부터 핍박을 받았을까?

보는 관점에 따라 다를 수 있겠지만, 영화 '아리랑', 노래 '아리랑'이 아니고 아리랑 노래 가사에 나타난 내용이 문제가 된 것이다. "문전의 옥답은 다 어디가고 동냥의 쪽박이 웬일인가", "싸호다 싸호다 아니되면 이 세상

1926년 10월 3일, 『매일신보』 5면, 아리랑 광고 및 기사.

에 다 불을 지르자"는 내용이다. 이로 인해 영화 '아리랑'이 민족의 영화로, '아리랑' 노래가 민족의 노래로 태어나는 계기가 되었다. 1930년 이후 수많은 '아리랑' 음반이 출반되었으며 일본에서도 '아리랑' 음반이 1945년 이전 65종 이상이 출반되었다.

1926년 10월 3일 『매일신문』 5면 하단에는 영화 〈아리랑〉 광고가 실려 있다. '눈물의 아리랑, 우습의 아리랑, 막걸니 아리랑, 북악의 아리랑, 춤추며 아리랑, 보내며 아리랑, 떠나며 아리랑'으로 광고하면서 바로 위 기사에는 '아리랑 선전물 압수', '내용이 불온'이라는 기사가 있다. "… 아리랑 노래 중에 공안을 해할 가사가 있음으로 경찰당국에서는 구월 삼십일에 선전물 일만매를 압수하였다더라."라는 내용이다.

이러한 자료들을 종합해볼 때, 노래 '아리랑' 자체가 일제로부터 지속적인 직접적인 핍박의 대상이 되었다고 보기는 어렵다. 그러나 특정한 가사나 해석, 상징성이 사회적 불온 요소로 간주되어 검열되거나 금지되는 사례는 분명히 존재하였다. 바로 그 지점에서 '아리랑'은 저항과 통제를 동시에 겪은 이중적 존재로 역사 속에 남게 되었다.

4) 1932년 출반한 강석연 노래의 영화설명 〈아리랑〉은 1929년 유경이 노래의 영화설명 〈아리랑〉과 같은 내용인가?

1929년과 1932년(1934년 재발매) 두 차례에 걸쳐 제작된 영화설명 〈아리랑〉 유성기 음반은 모두 성동호 변사가 등장하지만, 그 내용 구성과 해설의 범위는 다르다.

1929년에 출반된 영화설명 〈아리랑〉은 총 4면 구성으로, 1926년 나운규 감독의 〈아리랑〉 제1편의 내용을 중심으로 구성되어 있다. 이 음반은 유경이 가수가 삽입 가창한 '아리랑'이 3면과 4면에 수록되었으며, 변사 성동호의 해설을 통해 영화의 전체 줄거리를 따라가도록 구성되었다.

반면, 1932년에 출반(일축 레이블)된 또 다른 영화설명 〈아리랑〉 유성기 음반은 표면상 1929년 음반과 유사한 형식을 취하고 있지만, 내용 면에서 차이를 보인다. 이 1932년 음반에서는 1면과 2면에서 1926년 영화 〈아리랑〉 제1편의 줄거리를 요약하고, 3면과 4면에서는 1930년에 개봉된 영화 〈아리랑〉 제2편의 내용을 해설하는 형식으로 구성되어 있다. 노래는 강석연 가수가 부른다.

유튜브 〈정창관의 아리랑 1〉 채널 /
A27 : '1932년 영화설명 아리랑' /
연주 시간 : 12분 58초

즉, 이 음반은 영화 〈아리랑〉 1편과 2편의 내용을 하나의 음반 안에 통합한 구성이다.

5) 1926년 '나운규의 아리랑'과 지금의 '본조아리랑'은 같은 아리랑으로 볼 수 있는가?

필자는 '나운규의 아리랑'과 오늘날 우리가 부르는 '본조아리랑'은 명확히 구분되어야 한다고 본다. 비록 오늘날의 '본조아리랑'이 나운규의 영화 〈아리랑〉(1926년)에서 파생된 것은 사실이지만, 실제 음반을 통해 두 곡조를 들어보면 음악적 감각과 정서적 결이 분명히 다르다.

특히 일제강점기 국내용으로 출반된 아리랑 음반과, 일본 내 일본인을 위한 음반으로 출반된 '아리랑' 음반들을 비교해 들어보면, 두 문화권에서 아리랑이 서로 영향을 주고받으며 점진적으로 변화해 온 양상을 분명히 확인할 수 있다.

필자는 이 흐름을 직접 정리하고자, 유튜브 〈정창관의 아리랑 1〉 채널에서 일제강점기에 출반된 '아리랑' 음반들을 출반 연도순으로 정리해두었고 일본에서 출반된 '아리랑' 음반 역시 별도로 출반순으로 정렬하여 비교 청취할 수 있도록 하였다.

필자는 국악애호가로 음악학적으로 분석하여 증거를 제시하지 못하지만, 실제로 이 음반들을 순서대로 차분히 들어보면, '아리랑'이 어떻게 변화하고 있는지를 자연스럽게 느낄 수 있다. '본조아리랑'은 일제강점기에 변화하여 1947년 이은주 명창이 취입한 '아리랑'을 거쳐 한국가곡의 영향도 받고, 1950년대 중반, 대중가요 작곡가 나화랑과 이재호의 편곡으로 '본조아리랑'이 대중가요적 양식으로 확립되면서 오늘날 우리가 부르는 '본조아리랑'이 완성되었다고 본다.

결론적으로, '본조아리랑'은 나운규의 아리랑에서 출발했지만, 일제강점기를 거쳐 광복 이후에도 문화·정서·양식적으로 지속적 변화를 겪으며 현재의 형태에 이르렀다. 따라서 '나운규의 아리랑'은 역사적 기원으로서 중요하지만, 오늘날의 '본조아리랑'과는 구분된 독립적 존재로 인식될 필요가 있다고 본다.

1929년 영화설명 아라랑 음반 중 노래 아리랑의 음악적 분석

영화설명 〈아리랑〉은 오늘날 '아리랑'이라는 명칭이 지시하는 노래, 즉 '본조아리랑'의 선율과 대체로 비슷하다. 다만 미묘한 차이가 있는데, 상행 시 뒤에 붙는 장식음이 생략되는 경우가 잦다. 예를 들어, 첫 도입부의 '아리랑, 아리랑, 아라리요'를 '솔-라-솔라, 도-레-도레, 미-레미-도라-솔-라솔'의 선율로 부르는 것과 다르게 이 곡에서는 '솔-라-솔, 도-레-도, 미-레미-도라-솔-'과 같이 길게 뻗는 부분에서 한 음 위의 음을 붙이지 않고 있다. 반면 '아라리'나 '고개로'와 같이 하행하는 선율에서 미분음을 많이 활용하여 화려한 기교를 보여주고 있다. 이 '아리랑'은 솔·라·도·레·미로 구성되어 있고 도로 종지하고 있어 일제강점기 신민요에 많이 쓰였던 신경토리의 구조

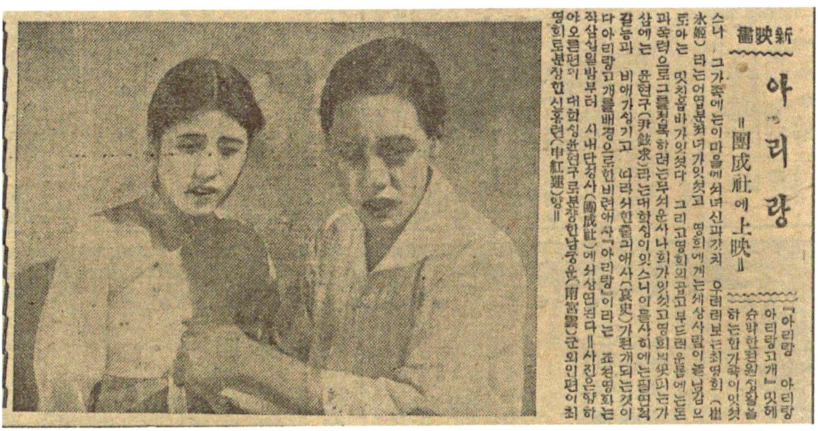

新映畵

아리랑

＝團成社에 上映＝

「아리랑 아리랑 아리랑고개」 밋헤 순박한 전원생활을 하는 한 가족이 잇섯스나 그 가족에는 이 마을에서 신과 갓치 우러러보는 최영희(崔永姬)라는 어엽분 처녀가 잇섯고 영희에게는 세상사람이 놀날감으로 아는 밋친 옵바가 잇섯다 그리고 영희의 곱고 부드러운 몸에는 돈과 권력으로 그를 정복하려는 무서운 사나회가 잇섯고 영희의 맛되는 가삼에는 윤현구(尹鉉求)라는 대학생이 잇스니 이들 사히에는 필연적 갈등과 비애가 생기고 (따라서 한 슯흔 애사(哀史)가 전개되는 것이다 아리랑고개를 배경으로 한 비련애사 「아리랑」이라는 조선영화는 작 삼십일 밤부터 시내 단성사(團成社)에서 상연된다 ＝사진은 향하야 오른편이 대학생 윤현구로 분장한 남궁운(南宮雲)군 외인편이 최영희로 분장한 신홍련(申紅蓮)양＝

1926년 10월 1일 매일신보 3면 해당 기사.

를 잘 보여주고 있다.

• Tip

나운규의 아리랑은 1926년 10월 1일 단성사에서 처음 상영된 것으로 알려져 있다. 그러나 10월 1일 금요일『매일신보』3면 신영화 '아리랑' 기사 말미에는 "30일 밤부터 상영된다."라고 적혀있다. 영화 '아리랑'은 단성사에서 10월 5일까지 상영되었다.

TRADE OKEH MARK
Okeh
PANPHONIC RECORDING
[納付濟]
1728
(K1414)
南道民謠合唱
珍島아리랑
主唱 金素姬
助唱 吳太石·吳翡翠
伴奏 오케朝鮮樂團
MADE IN JAPAN TEIKOKU GRAMOPHONE CO.LTD. NARA

2장

1945년 이전
진도아리랑 유성기 음반

2장 1945년 이전 진도아리랑 유성기 음반

'진도아리랑'은 우리나라를 대표하는 3대 아리랑 중의 하나이다. 일제강점기에 유성기 음반으로 출반된 '진도아리랑'은 3종이다. '밀양아리랑' 25종[1]에 비해 많이 적은 수치이지만 '진도아리랑'은 지금까지 많은 사람의 사랑을 받고 있으며 남도민요의 대표곡으로 자리잡고 있다. '진도아리랑'은 육자배기토리(남도토리)를 기반으로 하며, 세마치장단과 중모리장단을 사

1 일제강점기 '밀양아리랑' 25종에 대해서는 필자의 2번째 책 청우시리즈(2), 『밀양아리랑, 유성기 음반으로 듣다(1945년 이전)』를 참고하시기 바람.

용하고 있으며 넓은 음역대와 다양한 장식음, 비음의 사용이 두드러지는 특징을 지니고 있다.

'진도아리랑'은 2022년 7월 21일 전라남도 무형문화재 제64호로 지정되었다. 11월 7일 '진도아리랑보존회'가 보유단체로 지정되어 '진도아리랑'의 체계적인 보존과 전승을 이어가고 있으며 진도군은 매년 11월 첫째 주 토, 일요일 이틀간 진도군의 대표적인 문화행사로 '진도아리랑축제'를 개최하고 있다.

한편, 3대 아리랑 중의 하나인 '정선아리랑'은 일제강점기에 '정선아라리'[2]로 볼 수 있는 '강원도아리랑' 음반은 2종 정도 있지만, '정선아라리' 혹은 '정선아리랑'이라는 명칭으로 표기된 유성기 음반은 없다.

'진도아리랑'의 기원에 대해서는 흥미로운 증언이 있다. 일제강점기 박종기(1880~1947) 대금 명인이 1933~4년경 일본에 녹음하러 가는 배 위에서 직접 짰다(남도아리랑)는 이야기를 '진도아리랑'을 처음 노래한 김소희 명창으로부터 들은 바가 있다. 작고하신 이보형 선생님도 1997년 『한국민요학』 제5집에 수록한 논문 「아리랑소리의 근원과 그 변천에 관한 음악전 연구」에서 일본가는 배 위에서 박종기 명인이 편곡했다는 이야기를 여러차례 김소희

---

2 '정선아리랑'이 표준어로 사용되지만, 김옥심 명창이 부른 경기제 '정선아리랑'과 구분하기 위하여 여기서는 '정선아라리'로 적었음.

유튜브 〈정창관의 아리랑 1〉 채널 / A30: '1934년 진도아리랑'과 김소희 명창 대담 / 대담시간 : 1분 12초부터 2분 25초까지(1분 13초)

명창으로부터 들었다고 기술하고 있다.

김소희 명창이 전하는 이야기[3]는 녹음실에서 먼저 '뱃노래'를 녹음하고 뒷면에 '남도아리랑'을 넣기로 했는데, 그 이름을 '진도아리랑'으로 명명하게 되었다고 한다. '진도아리랑'은 호남 지역의 민요 '산아지타령'을 바탕으로 짠 것으로 알려져 있다.

일제강점기의 '진도아리랑' 유성기 음반은 '1934년 진도아리랑(남도민요합

3 대담은 1989년 7월 24일, 무척 더운 날, 종로구 소격동에 있는 김소희 명창의 자택에서 이루어졌으며 거의 2시간 가까이 진행되었다. 그중에서 일부를 발췌하여 '진도아리랑'과 같이 유튜브에 올렸다. 영상에는 '진도아리랑'이 수록된 유성기 음반의 반대쪽 면에 수록된 '뱃노래'에 대한 김소희 명창의 설명도 포함되어 있다. 대담 중 언급된 '뱃노래를 바이올린 연주로 녹음했다.'라는 부분은 실제로는 녹음되지 않았으며 대담은 배연형 선생도 함께 참석하였다. 필자는 대담을 MD(Mini Disc)로 녹음하였으며, 해당 MD는 2024년 재생기와 함께 서울 우리소리박물관에 기증하였다.

창, Okeh 1728)', '1938년 진도아리랑(남도잡가, Victor KJ-1138-B)', '1939년 진도아리랑(호남민요, Regal C-2011-A)' 3종이다.

김소희 명창은 1934년, 1939년 '진도아리랑' 녹음에 참여하였고, 오비취 명창은 1934년, 1938년 '진도아리랑'에, 신숙 명창은 1938년, 1939년 '진도아리랑' 녹음에 참여하였다. 독창 음반은 없고 모두 2중창으로, 3종의 녹음에 세 사람의 명창이 2번씩 참여하고 있는 것도 특이하다.

또한 "문경새재는 웬 고개… "라는 가사는 3종의 '진도아리랑'에 공통으로 모두 나타나고 있으며, 1931년 '아리아리랑(Tombo 50015-B : 밀양아리랑)'에 처음 나타난 "스리스리랑…" 가사도 3종에 다 나타나고 있다.

3종의 '진도아리랑'에 대한 음악적 분석은 왕서은 소리꾼이 맡았다. 특별히 소리꾼에게 1934년 첫 '진도아리랑'을 바탕으로 3곡을 분석하도록 요청하였으며 악보도 함께 부탁하였다. 왕서은 소리꾼은 2019년 11월 30일 한국학중앙연구원에서 개최한 한국고음반연구회 주최의 학술대회에서 1934년 '진도아리랑'을 복원창한 경험이 있으며 그 내용을 학술 발표로 정리한 바 있다.

1 1934년 진도아리랑 (남도민요합창)

창 : 김소희·오비취
(Okeh 1728)

1934년 11월 15일 자 『조선일보』 광고를 통해, 오케 12월 신보로 처음 선보인 Okeh 레이블(1728)의 남도민요합창 '진도아리랑' 유성기 음반이다. 3대 아리랑의 하나인 '진도아리랑'이 유성기 음반으로 처음 등장한 것이다. 음반 레이블에는 주창 김소희, 조창 오태석, 오비취라고 기록되어 있지만, 가사지에는 더욱 상세히 기록되어 있다. 창 김소희, 오비취, 가야금 오태석, 대금 박종기, 단소 김계선, 제금 문윤옥으로 적혀 있고, 반주는 오케선양악단이다. 가사지 내용이 정확한 것이다.

'진도아리랑'은 대금을 연주한 박종기 명인이 일본 가는 배 위에서 짰다는 이야기는 앞 장에서 서술한 바가 있다.

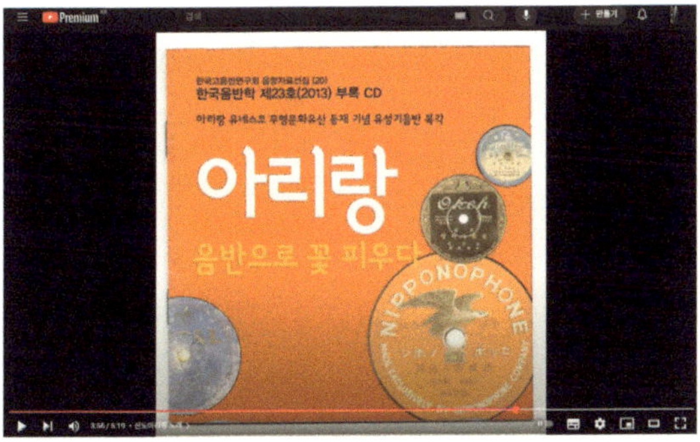

유튜브 〈정창관의 아리랑 1〉 채널 / A30: '1934년 진도아리랑'과 김소희 명창 대담 / 2분 25초부터 / 연주 시간 : 2분 54초

이 음반의 반대편에는 '뱃노래(K1413)'가 수록되어 있는데, 같은 음반번호 Okeh 1728로 인쇄되어 있지만 '진도아리랑'은 매트릭스 번호 K1414로 B면인 셈이다.

• 가사

(후렴)
아리 아리랑 아리 아리랑(스리 스리랑) 아라리가 낫네[4]
아리랑 응응응 아라리가 낫네

4 실제 가사지에는 '아리 아리랑 스리 스리랑'이라고 기록되어 있지만, 노래는 '아리 아리랑 아리 아리랑' 등으로 부르고 있음.

ㄱ. (김) 맛난이 반가우나 리별을 어이해

리벌이 되랴거든 웨맛낫든고

ㄴ. (오) 웨왓드냐 웨왓드냐

울니고 갈길을 웨왓드냐

ㄷ. (김) 저놈의 게집애 눈매좀보소

속눈만 뜨고서 발발떤다

ㄹ. (오) 문경셋재聞慶鳥嶺는 웬고갠고

구뷔야 구뷔구뷔 눈물이 난다

ㅁ. (합) 간다간다네 나도라간다

정든님 따라서 나는 간다

– 끝 –[5]

김소희 명창(1917.12.1~1995.4.17)은 전라북도 고창에서 태어났다. 본명은 김

5 『한국유성기 음반』 가사지 참고.

김소희 명창(디지털고창문화대전)

순옥, 호는 '만정晩汀'이다. 1929년 군산여자고등보통학교에 재학 당시에 당대의 최고의 이화중선 명창이 가설극장에서 부르는 판소리 '심청가' 중 '추월만정'을 듣고 감명을 받아 자퇴한 후 소리꾼의 길을 걷기로 결심하였다. 송만갑, 정정렬, 박동실 명창 문하에서 소리를 수학하였으며, 1931년 만 14세의 나이에 제1회 '전국춘향제전명창대회'에서 장원을 차지하였다.

김소희 명창의 창법은 가성을 사용하지 않고 상·중·하청을 자유자재로 구사하는 창법이 특징이며 말고 단정한 소리가 돋보인다. 한성준 명인에게는 살풀이춤을, 1934년에는 정정렬 명창 문하에서는 판소리를 본격적으로 수련하였고, 김종기 명인에게서 가야금과 거문고를 배워 소리, 춤, 기악을 두루 익힌 예인이다. 1939년부터 화랑창극단에 참여하였고, 조선성악연구회에 가입하였으며, 박귀희 명인과 함께 여성국악동호회를 조직하여 여성 국악계의 활성화에도 이바지하였다. 1962년에 유럽, 1964년에 미국을 순회공연을 통해 고운 음색과 명확한 창법으로 현지의 찬탄을 받으며 우리 전통 예술의 아름다움을 세계에 알리는 데 큰 역할을 하였다.

1964년에 국가무형문화재 제5호 판소리 '춘향가'의 예능보유자로 인정

받았다. 국립국극단 단원, 판소리 보존연구회 상임이사를 지냈으며, 국창으로 추앙받았다. 김소희 명창은 1995년에 별세 당시 전통예술인으로는 처음으로 금관문화훈장이 추서되었다. 그는 시대를 풍미한 전설적인 소리꾼이었다.

전북 고창군은 2002년 5월 마을주민들의 기억과 고증을 토대로 고창군 사포리 335(김소희길 33)에 있는 생가를 복원하여 김소희 명창을 기리고 있다. 김소희 명창은 만나이로 17세에 이 '진도아리랑' 음반을 출반하였으며, 첫 녹음은 Columbia에서 1932년 15세에 이루어졌으니 음반사적으로 대단한 기록이다. 김소희 명창의 소리는 일제강점기에 출반된 일축조선소리반, 콜럼비아, 오케, 빅터, 리갈 레이블 등의 유성기 음반 147 여 면에서 그 목소리를 들을 수 있다.

오비취 명창(콜롬비아 유성기 원반(4), 오비취 〈판소리, 가야금병창〉 CD 음반에서)

오비취 명창(1910.8.9~1986.8.1)은 경상남도 마산에서 태어났다. 본명은 오선초이다. 조실부모하여 가정 형편이 어려워지자 13세 때 국악을 배우기 시작하였다. 송만갑, 이선유 명창으로부터 판소리를, 김종기, 정남희 명인으로부터 가야금산조와 병창을, 한갑득 명인에게서 거문고산조를 사사하였다. 진주에서 활동하였으며 1932년 콜럼비아사에서 첫 녹음을 남긴 뒤 무렵, 서울로 활동무대를 옮긴 것으로 추정된다. 오비취 명창은 해방 이후 자손들의 장래를 위해 특별히 국악활동을 하지 않았으며. 국악인이라는 사실을 숨기기 위해 손녀 혼례식에도 사진을 촬영을 삼갔다고 전해진다. 1986년 서울에서 별세하였으며 불교신자로서 평소에 자주 찾던 녹번동에 있는 보현사에 안치되었다.

따님의 회고에 따르면, 오비취 명창은 키가 150 센티 정도로 작고, 어릴 때 고생을 많이 해 체격이 왜소하였다고 한다. 성격은 과묵하고 강직하였으며, 바느질, 요리 등 손재주가 좋았고 부지런한 분이었다고 한다.

오비취 명창은 일제강점기에 콜럼비아, 오케, 빅터, 리갈 레이블 등의 유성기 음반 140여 면에 이름을 남기고 있다.

오케레코드Okeh Record는 1933년 2월부터 1937년 5월까지 약 4년 반 동안 한국음악 음반을 출반한 음반사이다. 1매 정가 1원이라는 저가 정책을 펼치면서 대중적인 인기를 누렸던 음반사이며, 일제강점기 음반 발매량에 있어서는 콜럼비아(약 1,470장)에 이은 2번째로 많은 음반을 출반하였다. 음반번호 체계가 좀 복잡하지만 1500~1999번으로 출반한 500종이 정규반에 해당하며, 검정 바탕에 금박 글씨로 인쇄된 흑반으로 제작되었다. 제작시기에 따라 레이블의 디자인도 변화가 있었다.

1934년 '진도아리랑'이 언급될 때 흔히 김소희 명창만이 언급된다. 이는 유성기 음반 레이블에 김소희 명창이 주창으로, 오비취 명창은 조창으

1934년 출반 검은색 바탕의 금박 인쇄의 '진도아리랑'과 디자인이 바뀐 '진도아리랑' 유성기 음반 레이블(진도신문)

로 표기되어 있기 때문이다. 그러나 실제 음원에서는 김소희, 오비취 명창이 동등하게 소리를 나누어 부르고 있다. 구체적으로 살펴보면 1절과 3절은 김소희 명창, 2절과 4절은 오비취 명창이 각각 부르고 5절은 두 사람이 부르고 있다. 나이로는 김소희 명창보다 오비취 명창이 7살 연상이지만, 김소희 명창이 먼저 부르고 음반 레이블에 주창으로 김소희 명창이 표기되면 가사지 순서에서도 김소희 명창이 먼저 나오는 것을 보면 그 당시 김소희 명창의 위상을 가늠할 수 있는 대목이다.

한 때, '진도아리랑' 가사에 나오는 문경새재가 경북 문경이 아니라 진도에 있는 지명이라고 주장을 누가 제기한 바 있으나, 이는 명백히 사실과 다른 주장이다. 1934년 출반한 유성기 음반 '진도아리랑'의 가사지에 '문경셋재聞慶鳥嶺(문경조령)'로 명확히 표기되어 있고, 1939년 '진도아리랑' 가사지

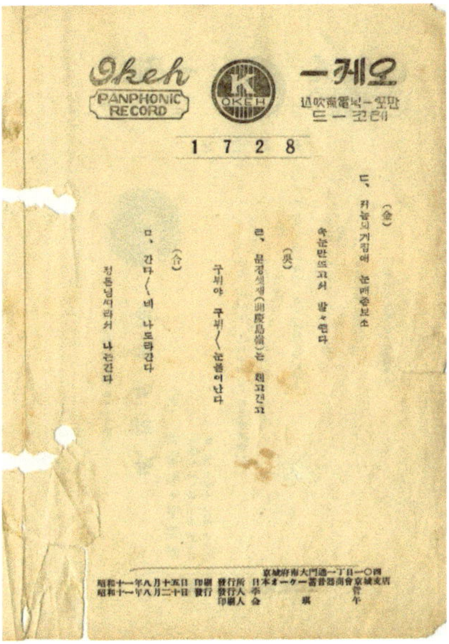

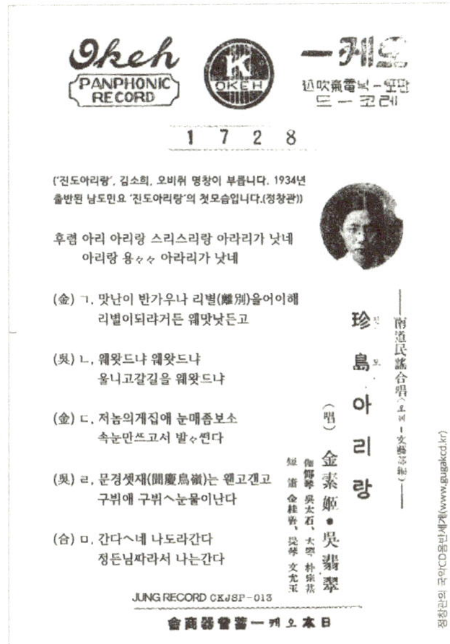

문경셋재 가사가 나오는 실제 가사지와 필자가 제작한 복각반에 새로 디자인하여 사용한 가사지(동국대학교 〈한국유성기 음반〉 사이트)

에도 '문경새재聞慶鳥嶺(문경조령)'라는 같은 표기가 확인된다. '문경새재' 가사는 '진도아리랑'뿐만 아니라, 그보다 훨씬 앞선 '1896년 헐버트아리랑' 악보에도 나타나며, 1926년 출반된 최초의 '밀양아리랑' 유성기 음반 가사에도 첫머리에도 등장한다.

1934년 '진도아리랑'은 필자의 '주요 아리랑 음반 복제사업'의 그 13번째 프로젝터로 2023년 5월에 영국에서 쪽반(CKJSP-013)으로 제작해서 국내로 가져왔다. 복제에 사용된 음원은 필자가 소유한 유성기 음반으로 악당

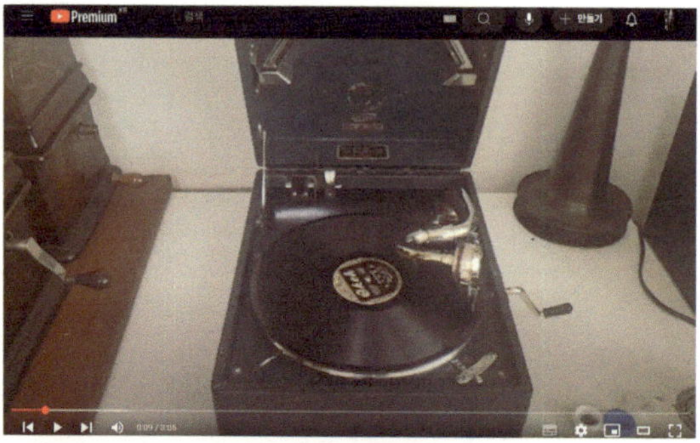

상 복제 SP반 '1934년 남도민요합창 진도아리랑' Okeh 1728 재생장면.

하 한국고음반연구회 음향자료선집(20) 〈아리랑, 음반으로 꽃피우다〉 CD 음반.

이반에서 최고급 오디오 시스템을 통해 정밀하게 녹음 및 마스터링을 진행하였다. 복제반의 서두에는 다음과 같은 설명 문구를 덧붙였다, "진도아리랑, 김소희, 오비취 명창이 부릅니다. 1934년 출반된 남도민요 '진도아리랑'의 첫 모습입니다."

또한 1934년 '진도아리랑(남도민요합창)'은 2013년 한국고음반연구회에서 비매품으로 출반한 한국고음반연구회 음향자료선집(20) 〈아리랑, 음반으로 꽃피우다〉 CD 음반 5번 트랙에 복각되어 수록되어 있다. 이 음반은 아리랑 유네스코 무형문화유산 등재 기념하여 제작된 유성기 음반 복각반으로 〈한국음반학〉 제23호(2013년 출간)의 부록음반으로 출반되었다.

음악적 분석

1934년에 녹음된 Okeh 1728는 '진도아리랑' 최초의 음반으로 전해지며 그 음악적 특징을 살펴보면 아래 음 미를 부드럽게 떨어 전체적으로 서정적인 분위기를 연출한다. 꺾는 음 도시가 연이어져 '꼬기작댄다'라고 표현하는 시김새가 메기는 부분의 가사 "이별을"에서 라-도시-도-도미도시의 형태로 나타나 애잔한 정서를 표현한다. 현재 이 부분은 라-도-미도시로 미를 강하게 쳐올려 역동적으로 가창한다.

꺾는 음 도시를 연이어 사용하는 창법은 당시 유행했던 '쑥대머리' 등과 같이 슬픈 느낌을 강조하는 애원성, 계면조 창법으로 소리를 꾸며서 부르던 시류와 연관이 있어 보인다. 이후 조선성악연구회 원로명창들을 중심으로 정통성 회복 운동이 일어나 슬픈 느낌을 주도록 꾸며 부르는 창법을 지양하게 되었는데 이러한 흐름이 판소리 창자가 부르는 남도민요인 '진도아리랑'에도 영향을 미쳐 현행과 같이 힘차게 부르는 형태로 점차 변모하게 된 것으로 추측할 수 있다.

받는 소리인 후렴은 현재 "아리아리랑 스리스리랑"으로 시작하고 선율은

1934년 '진도아리랑' 악보.

미-라-미-라라-미-라-미-라라로 부르나, 1934년 녹음에서는 "아리아리랑 아리아리랑"으로 시작하고 미-레-미-라라-미-레-미-라라로 부른다. 후렴의 끝나는 선율은 현재 도시-미-라로 가창하는 반면 1934년 '진도아리랑'은 도시-라-미로 하행하며 마쳐 시작하는 선율과 끝나는 선율이 달라졌음을 알 수 있다.

2 1938년 진도아리랑 (남도잡가)

노래 : 신숙·오비취
(Victor KJ-1138-B)

1938년 1월 28일『조선일보』광고를 통해 빅타 2월 신보 청반으로 처음 선보인 Victor 레이블(KJ-1138-B)의 남도잡가 '진도아리랑' 유성기 음반이다. 이는 '진도아리랑'이 유성기 음반으로 2번째로 출반된 것이다. 노래는 신숙, 오비취, 두 명창이 맡았으며, 현금 신쾌동, 대금 박종기, 해금, 장고 반주이다. 1934년 첫 '진도아리랑' 녹음에 참여한 오비취(노래), 박종기 명인(대금 반주)이 3년 2개월 만에 다시 참여하여 완성한 음반이다.

• 가사

아리아리랑 서리서리랑(스리스리랑) 아라리가낫네~

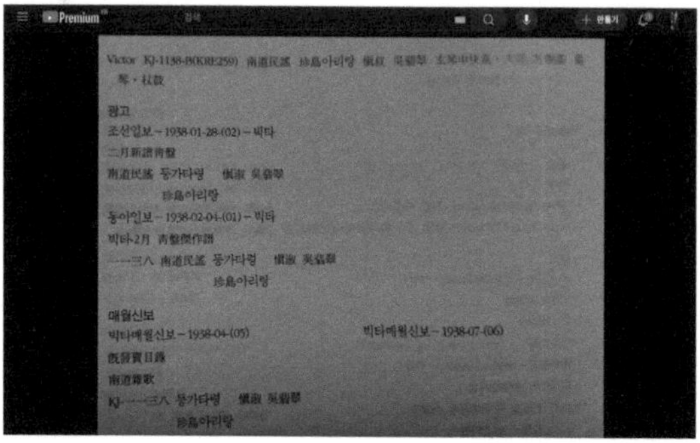
Victor KJ-1138-B(KRE259) 南道民謠 珍島아리랑
광고
조선일보 - 1938-01-28-(02) - 빅타
二月新譜靑盤
南道民謠 등가타령 吳翡翠
珍島아리랑
동아일보 - 1938-02-04-(01) - 빅타
빅타2月 靑盤傑作譜
一一三八 南道民謠 등가타령 吳翡翠
珍島아리랑
매일신보
빅타매일신보 - 1938-04-(05) 빅타매일신보 - 1938-07-(06)
南道雜歌
KJ-一一三八 등가타령 吳翡翠
珍島아리랑

유튜브 <정창관의 아리랑 1> 채널 /
C27 : '1938년 진도아리랑' /
연주 시간 : 3분 18초

아리랑 응々々 아라리가 낫네

문경새재聞慶島嶺는 웬고갠고
구부야 구부구부 눈물난다

아리아리랑 스리스리랑 아라리가 낫네~
아리랑 응々々 아라리가 낫네

(간주)

아리아리랑 스리스리랑 아라리가 낫네~
아리랑 응々々 아라리가 낫네

너는 죽어 극락을 갈거나
이내 몸도 내려가니 아미씨타불

아리아리랑 스리스리랑 아라리가 낫네~
아리랑 응々々 아라리가 낫네

(간주)

아리아리랑 스리스리랑 아라리가 낫네~
아리랑 응々々 아라리가 낫네

모란화 한 송이 와자자끈 끊어
우리 님 머리 우어 꽂아 볼까

아리아리랑 스리스리랑 아라리가 낫네~
아리랑 응々々 아라리가 낫네

너를 좇어서 조상을 위하여
요네 몸도 따러가니 풍덩실 좋네

아리아리랑 스리스리랑 아라리가 낫네~

아리랑 응々々 아라리가 낫네

– 끌 – [6]

신숙申淑(1911~1970년경 추정)명창은 경남 함양 출신으로 20세기 전반에 활약한 여성 판소리 명창이다. 유성기 음반의 가사지에는 이름을 신숙愼淑으로 표기하고 있다. 송만갑, 유성준 명창에게 사사하였으며 26세(1937년)에 〈오케 춘향전 전집〉 창극 음반 녹음에 참여하였다. 이후 창극 단체 '국극사'에서 활동하였다. 신숙 명창은 비교적 무게감 있는 중후한 창법을 구사하였으며, 창극 음반 녹음 시에는 주로 남성역을 맡는 경우가 많았다. Okeh, Columbia, Regal 레이블로 70여 면의 유성기 음반에 소리를 남기고 있다.

신숙 명창.

1994년 신나라에서 출반한 SP시대의 〈판소리 여류명창 I〉(SYNCD-066B)에서 신숙 명창의 '천하태평', '고당상'을 감상할 수

6 가사지와 여러 사람 도움 받아 채록.

있다.

문필가인 이영민은 일제강점기 자신의 한시집『벽소시고』에서 신숙 명창의 아리따운 자태와 소리하는 모습을 한창 무르익은 따뜻한 봄날에 비유한 바 있다.

桃花灼灼柳如眠 복사꽃 활짝 피고 버들은 졸음에 겨운 듯
正値春光三月天 바야흐로 봄빛 가득한 춘삼월 날씨 만났구나
樂府漢城誰第一 판소리꾼 한양에서 그 누가 으뜸일까.
愼娘百媚上華筵 신낭자가 온갖 아양 부리며 잔치 자리에 오르네

오비취 명창에 대해서는 앞 장(2-1장)에 설명한 바 있다.

Victor 레이블에 관해서는 1-12장에서 간단하게 언급한 바 있지만, Victor 음반 중 KJ 번호가 붙은 시리즈는 빅터의 대중반으로 'Victor Junior'라고도 불린다. 해당 음반은 빅터 정규반(1원 50전)보다 상대적으로 가격이 저렴한 1원에 판매되었으나 정규반과 비교해 품질이 떨어지는 것은 아니었다. '빅터 주니어' 시리즈는 신보를 중심으로 출반되었으나 이전 정규반의 재발매 음반도 포함되어 있다. Victor KJ-1001부터 KJ-1386까지 총 386종이 발매되었으며 1935년 2월부터 1940년까지 5년 이상 지속된 레이블이다.

이 시리즈의 마스터 금속원반은 현재 국립민속박물관에 보관되어 있

다. 안타깝게도 1938년 '진도아리랑' 음반의 원반은 포함되어 있지 않다. 이에 대한 상세한 이야기는 다음에 서술하였다.

음악적 분석

1938년에 녹음된 Victor KJ-1138-B에 수록된 '진도아리랑'은 1934년 녹음과 비교해 전체적으로 단3도 아래로 내려 여성 창자치고는 낮은 음역대인 B청(중심음)으로 차분하면서도 힘차게 불러 꿋꿋한 느낌을 준다. 가창자인 신숙과 오비취는 이선유, 유성준, 송만갑 등 고제 동편제 창자에게 학습하였는데 그러한 소리 내력이 '진도아리랑'을 가창하는 창법에도 영향을 미친 것을 알 수 있다.

특히 받는소리, 후렴 중간 부분인 "아라리가 났네 에헤에"를 1934년 녹음에서는 '났'과 '에헤히이'에 도시로 꺾어 애잔한 계면성음으로 불렀으나 1938년 녹음에서는 '났'을 도-라도라로 하여 도를 꺾지 않고 강세를 주었고 '헤에헤에'의 도도 꺾지 않고 강세를 주어 슬픈 느낌이 아닌 경쾌하고 역동적인 분위기를 연출한다.

1934년 녹음에서는 후렴 "아리아리랑 아리아리랑"을 미-레-미-라라-미-레-미-라라로 시작하여 후렴 끝부분 "(아라)리가 났네"를 도시-라-미로 하행하며 마쳤는데 1938년 녹음에서는 시작하는 가사가 "아리아리랑 서리서리랑"으로 바뀌었고 시작하는 선율과 끝나는 선율은 동일하다.

메기는 부분 "문경새재는 웬 고갠고"에서 '고'를 현재는 도시-미-미-도시로 미를 강하게 두 번 위로 찍어 올려 힘주어 역동적으로 부르지만 1938년 녹음에서는 도시-라-도미도시의 형태로 꼬기작거려 1934년 녹음에서도 나타났던 당대 유행하던 창법이 지속되고 있음을 알 수 있다.

1938년 '진도아리랑' 악보.

경상도 사람들은 '스' 와 '서'의 발음을 명확하게 구분하지 못하는 경우가 많다. 필자 역시 이 두 발음을 정확히 가려내는 데 서툴다. 신숙 명창은 경남 함양, 오비취 명창은 경남 마산 출생이다. 필자는 가사를 "스리스리랑"으로 채록했는데 소리꾼 왕서은은 분명히 "서리서리랑"으로 부르고 있다고 한다. 자세히 한 번 들어보시길 바란다.

• 빅터 주니어 음반의 금속원반에 대하여

1992년 봄, 당시 (주)서울음반(구 로엔엔터테인먼트, 현 카카오엔터테인먼트)의 일본 협력사인 빅터는 요코하마 창고를 정리하던 중, 다량의 한국음악 관련 금속원반을 발견하였다. 유성기 음반 복각 사업에 가장 적극적으로 참여해온 서울음반은 이 소식을 접하자마자 필자에게 해당 원반의 가치에 대해 조언을 요청해왔다. 이에 필자는 한국고음반연구회의 이보형 회장을 연결하였고, 이 회장은 "빅터 유성기 원반은 우리의 문화재다. 이 원반을 인수하는 것은 문화재를 되찾아 오는 일이다."라며 강하게 조언하였다.

빅터 금속원반(현재 국립민속박물관 소장)

서울음반은 직접 일본 현지를 방문해 실물을 확인한 뒤, 원반 전량을 인수하기로 결정하였다. 이후 소정의 금액을 지불하고 1992년 8월, 총 588장(약 30시간 분량)의 금속 유성기 원반이 국내로 들어오게 되었다. SP 레코드는 294장(588면)으로, 이 가운데 556면(278장)은 대중용 염가 보급반인 '빅터 주니어반', 32면(16장)은 17cm 크기의 '빅터 아동반'이다. 이는 전체 빅터 주니어 음반 386종 772면 중 72%에 해당하는 양이다.

이 빅터 금속 원반들은 문헌 자료 없이 원반만이 남겨졌지만, 음반 번호가 새겨져 있어 곡명과 연주자 등을 식별할 수 있었다.

일본은 과거 행태를 볼 때 문화재급 유성기 원반을 자발적으로 인계해 줄 나라가 아니다. 이번 사례는 당시 빅터사 국제부 부장이자 지한파 인사였던 요시히사 혼다Yoshihisa Honda씨의 노력이 있었기에 가능했다.

서울음반은 이 원반들을 체계적으로 복각하기 위해 복각 전문 부서를 신설하였다. 당초에는 78회전 유성기 음반(SP 레코드) 자체를 재생산할 계획으로 스탬퍼 제작까지 시도했으나, 유성기 음반 특유의 셀락재질을 재현하지 못해 결국 중단하였다. 이후 필자의 듀얼Dual 78회전 턴테이블과 일본 오디오테크니카사의 전용 카트리지를 사용해 원반을 재생하고, DAT(디지털 오디오 테이프)에 녹음하여 '빅터 유성기 원반 시리즈'를 LP와 CD로 제작하게 되었다.

서울음반은 총 19종(21장)의 CD(시리즈 20집, 17집은 CD 미출반)와 함께 편집반인 샘플러 1장, 동요·만요 및 신민요 5장 등 총 CD 27장을 출반하였다. 해설서도 충실하게 제작되어 이 시리즈는 국악 복각반 중에서도 명반으로 꼽힌다.

깨끗하게 보존되어 돌아온 이 빅터 원반들은 한국 전통 음악 사료 발굴의 쾌거이며, 역사적으로도 큰 의미가 있다. 당시 녹음된 양호한 음질이 거의 그대로 보존되어 있어 그 가치가 매우 크며, 방대한 양과 뛰어난 음악적 완성도는 유성기 음반의 재평가를 이끌었다. 기존 복각 음반은 음질이 떨어진다는 인식을 뛰어넘는 계기가 되었으며, 90여 년 전 우리 전통음악을 생생하게 들을 수 있는 길을 열었다. 현재는 66% 가량이 복각되어 CD로 나와 있으며, 중고음반 시장에서 간혹 찾을 수 있다.

2010년 문화재청은 〈2010 근대문화유산 음악분야 목록화 조사 보고서〉를 발간하였다. 이 보고서에서 빅터 유성기 원반은 '전통음악 음반' 분야의 1번으로 등재되었으며, 향후 근대문화유산으로 공식 지정될 경우 최우선 지정 대상이 될 것이라 평가되었다. 보고서에는 '레코드 회사의 창고에 별도 보존시설 없이 보관 중. 시급히 항온·항습 시설을 갖춘 기관으로 이관하여 영구보존 대책을 마련해야 함'이라 명시되어 있다.

2011년 12월 21일 로엔의 사무실, 기증 작업 현장에서.

필자는 이 유성기 원반들을 국립의 공공 박물관에 기증하는 프로젝트를 로엔엔터테인먼트와 공동으로 추진하였다. 기증처는 국립민속박물관으로 결정하였다. 이유는 해당 음반들이 국악뿐만 아니라 대중가요와 동요도 포함하고 있으며, 국립민속박물관은 항온항습 설비가 우수하고, 일본 오사카의 국립민족학 박물관에 대응되는 국내 기관이기 때문이다.

필자가 소장한 빅터 원반 1장(KJ-1381A)

국립민속박물관을 직접 방문해 프로젝트를 설명하고 동의를 받은 뒤, 박물관 관계자와 함께 로엔엔터테인먼트을 방문하여 공식적인 기증 요청을 진행하였다. 그 결과, 2011년 10월 17일, 이 빅터 유성기 원반은 근대문화재로 등록되었고, 약간의 우여곡절 끝에 같은 해 12월 21일, 총 577매가 국립민속박물관에 기증되었다.

국내로 유입된 총 588매 중 577매가 국립민속박물관에 기증된 것이다. 필자는 당시 복각 작업에 '듀얼Dual'사의 78회전 턴테이블을 로엔에 무상 제공하였으며, 복각에 필요한 전용 바늘을 일본에서 구입할 수 있도록 중개하는 등 최대한 협조하였다. 어느 날, 로엔의 책임자가 감사의 표시로 필자에게 금속 원반 1장을 선물하였다. 한동안 스탬퍼로 착각하고 소장하고 있었으나, 나중에 기증 수량에 차이가 있음을 확인하고 재검토한 결과, 실제 원반이라는 사실을 알게 되었다.

기증 과정 중, 로엔엔터테인먼트의 대표는 회사 기념용으로 10장을 남기고 기증하라고 지시하였다. 이에 따라 현재 국립민속박물관이 577매 소장, 카카오엔터테인먼트(이전 로엔엔터테이먼트)가 10장, 필자가 1장을 소장하고 있다. 카카오엔터테인먼트는 회사명/소유자가 계속 바뀌어 근대문화재로 등록된 10장의 금속원반이 제대로 보관되어 있는지 의문스럽다.

2012년 5월, 국립민속박물관은 이 기증품을 바탕으로 '빅터 유성기 원반 전시회'를 개최하였다. 필자는 이 전시회에 맞추어, 유성기 원반 국내 반입에 결정적인 역할을 한 요시히사 혼다 씨를 초청하고자 노력했으나, 비용 문제로 끝내 성사되지 못한 점이 지금도 아쉬움으로 남는다. 혼다 씨와의 교류에서 그는 다음과 같은 정보를 전해주었다.

"요코하마에서 발견된 588매가 한국 관련 원반의 전부이다. 일본, 대만, 중국 관련 원반은 발견되지 않았다. 우리 회사도 존재 자체를 모르고 있었는데, 창고 정리 도중 우연히 발견되었다. 앞으로 더 발견될 가능성은 거의 없다."

현재까지 588매 중 387매, 약 66%가 복각되어 CD로 제작·출반되었다. 나머지 음반들도 복각되기를 기대하지만, 국립민속박물관 차원에서 복각 움직임은 아직 보이지 않는다.[7]

---

7 이 글은 필자의 저서 『우리가 몰랐던 국악음반 이야기』의 해당 내용을 기반으로 수정 보완한 것임.

3 1939년 진도아리랑 (호남민요)

노래 : 김소희·신숙
(Regal C-2011-A)

1939년 10월 콜럼비아 「매월신보」를 통해 처음 소개된 Regal 레이블 (C-2011-A)의 호남 민요 '진도아리랑' 유성기 음반이다. 노래 김소희, 신숙, 반주 리갈고악단(가야금 정남희 / 대금 박종기)이다. 김소희, 신숙 명창은 먼저 출반된 '진도아리랑' 녹음에 참여한 적이 있으며, 특히 박종기 명인은 일제강점기에 출반된 진도아리랑 3종의 음반 모두에 대금 연주자로 참여하였다. 이 음반은 2번째 진도아리랑 음반 출반 이후 1년 9개월 만에 출반된 것으로 일제강점기 '진도아리랑'의 마지막 3번째 유성기 음반이다. 이후 '진도아리랑'은 16년이 지난 1955년경에야 다시 유성기 음반으로 등장하는데, 킹스타레코드 출반으로 성우향, 한농선 명창이 노래한다.

유튜브 〈정창관의 아리랑 1〉 채널 /
C27 : '1939년 진도아리랑' /
연주 시간 : 3분 30초

• 가사

후렴 아리아리랑 스리스리랑 아라리가낫네

아리랑 응々々 아라리가낫네

金 만나니 반가우나 리별離別을 어이해

리별離別이 되랴거든 웨맛낫든고

(후렴) 아리아리랑 스리스리랑 아라리가낫네

아리랑 응々々 아라리가낫네

愼 너를 좇어 누가 어될가며

요내 몸도 따러가요 풍덩실좃네

(후렴) 아리아리랑 스리스리랑 아라리가낫네

아리랑 응々々 아라리가낫네

金 무정세월無情歲月아 가지를 마러라
앗가운 내사랑 늘거나간다
후렴 아리아리랑 스리스리랑 아라리가낫네
아리랑 응々々 아라리가낫네

愼 문경새재聞慶鳥嶺는 웬고갠고
구비야 구비ㅅ 눈물이 난다
－끌－[8]

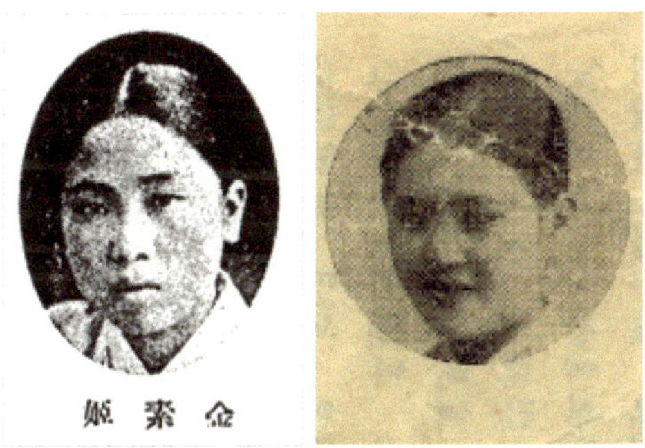

본 가사지에 실린 김소희 명창과 다른 가사지에 실린 신숙 명창.

가사지에는 '스리스리랑'으로 적혀 있는데 채보한 왕서은 소리꾼은 확실히 '서리서리랑'으로 부르고 있다고 한다.

노래를 부른 김소희

8 〈한국유성기 음반〉 사이트에서.

명창과 신숙 명창은 앞 장(2-1장, 2-2장)을 참조하기를 바란다.

Regal은 콜럼비아사가 출반한 일축죠션소리반의 계승 레이블로 가격을 낮춘 보급반, 염가반이다. 염가반이라 이미 발매된 지 오래되어 상품성이 떨어진 음반을 재발매하면서 가격을 인하해 공급하는 일종의 할인 음반이다. 콜럼비아사는 1934년 6월부터 Regal 레이블을 출반하였으며 총 373장의 음반을 출시하였다. Columbia 레이블로 발매된 음반을 재출반한 경우도 있고, 처음부터 Regal 레이블로 기획·제작된 음반도 포함되어 있다.

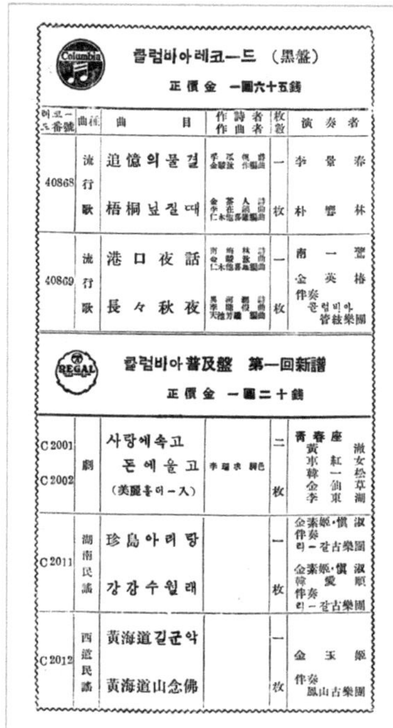

콜럼비아사의 1939년 10월 「매월신보」 광고.

이 Regal 레이블 음반의 금속 원반(마스터 원반) 746면(Columbia와 Regal 레이블 전체 2,768면)은 현재 일본 오사카에 있는 국립민족학박물관에 보존되어 있으며 그 복사본은 일부 KBS에 소장되어 있다.

1939년 당시 콜럼비아사의 「매월신보」 광고 내용을 보면 '진도아리랑'

한국고음반연구회 음향자료선집(20), 〈아리랑, 음반으로 꽃피우다〉 CD 음반.

을 '호남민요'로 적고 있으며, 정규반인 콜럼비아레코드 흑반의 정가가 1원 65전, 아래 콜럼비아 보급반은 Regal 레이블 음반은 정규반보다 저렴한 1원 20전으로 판매되었음을 확인할 수 있다. Regal이 상대적으로 저렴한 가격으로 보급되었음을 보여주는 주요한 자료이다.

1939년 '진도아리랑'(호남민요)은 2013년 한국고음반연구회가 비매품으로 출반한 한국고음반연구회 음향자료선집(20) 〈아리랑, 음반으로 꽃피우다〉 CD 음반 6번 트랙에 복각되어 수록되어 있다. 이 음반은 아리랑 유네스코 무형문화유산 등재를 기념하여 기획된 유성기 음반 복각반으로 〈한국음반학〉 제23호(2013년 발간)의 부록음반이다.

음악적 분석

1934년과 1938년 '진도아리랑' 녹음에서는 전주가 없이 기악 반주와 성악이 동시에 시작하는데 1939년 Regal C-2011-A에 수록된 '진도아리랑'은 후렴의 선율이 전주로 들어가 있어 점차 현행과 같은 연주 형태로 정착되고 있음을 알 수 있다. 후렴 중간 부분 가사 "아라리가 났네 에헤에"에서 "헤에

1939년 '진도아리랑' 악보.

히"하고 끝을 경쾌히 올리는 점도 현행과 유사하다.

1938년 녹음에서는 시작하는 가사가 "아리아리랑 서리서리랑"에 미-레-미-라라-미-레-미-라라로 시작하여 끝나는 가사 "(아라)리가 났네"를 도시-라-미로 하행하며 마쳤는데 1939년 녹음에서는 시작하는 가사 "아리아리랑 서리서리랑"의 선율이 미-미-미-라라로 바뀌었고 끝나는 선율은 이전과 동일하다.

메기는 부분의 가사 "이별을"에서 라-도시-도-도미도시 선율형의 꼬기작

대는 창법을 사용하여 애잔한 정서를 표현하는 점은 1934년 녹음과 동일하며 현재 이 부분은 라-도-미도시로 미를 강하게 쳐올려 역동적으로 가창한다.

1939년 '진도아리랑' 녹음은 부분적으로는 현행과 유사한 점이 있지만 전체적으로는 이전 1934, 1938년의 '진도아리랑'과 더욱 유사하므로 현행 '진도아리랑'과 같은 형태로의 변모는 1950년대 이후에 진행되었을 것으로 추정된다.

참고문헌

· 한국고음반연구회 간행, 『한국음반학』, 한국고음반연구회.

· 배연형, 『한국 유성기 음반』 1~5권, 한걸음 더, 2011.

· 배연형, 『한국유성기 음반 문화사』, 지성사, 2019.

· 정창관, 청우시리즈 1 『우리가 몰랐던 국악음반 이야기』, 태림스코어, 2020.

· 정창관, 청우시리즈 2 『밀양아리랑, 유성기 음반으로 듣다(1945년 이전)』, 태림스코어, 2024.

관련 사이트

· 유튜브 〈정창관의 아리랑 1〉 채널

· 〈정창관의 국악CD 음반 세계〉(www.gugakcd.kr)

· 동국대학교 한국음반아카이브연구소 〈한국 유성기 음반〉(sparchive.co.kr)

※ 이 책은 서울문화재단의 〈2025년 원로예술지원사업〉에서 일부 지원을 받았습니다.

청우시리즈 3

아리랑,
원통 음반과 유성기 음반으로 듣다(1930년 이전)

초판 1쇄 발행 2025년 11월 28일

지은이 정창관

주간 조승연
편집·디자인 오경희·조정화·오성현
신나래·박선주·정성희
관리 박정대

펴낸이 홍종화
펴낸곳 민속원
창업 홍기원
출판등록 제1990-000045호
주소 서울시 마포구 토정로 25길 41(대흥동 337-25)
전화 02) 804-3320, 805-3320, 806-3320(代)
팩스 02) 802-3346
이메일 minsokwon@naver.com
홈페이지 www.minsokwon.com

ISBN 978-89-285-2193-7 03670